Christian Feldmann

Adolph Kolping

Christian Feldmann

Adolph Kolping

Für ein soziales Christentum

Herder
Freiburg · Basel · Wien

Für Lydia
Gefährtin im Dunkel

Herstellung: J. Ebner Ulm
ISBN 3-451-22079-2

Inhalt

Der verrückte Konkurrent des Dr. Marx

Die Straßen um den Kölner Gürzenich sind am Abend des 6. Mai 1849 schwarz von Menschen. Fabrikarbeiter, blasse Handwerksburschen, ausgemergelte Erwerbslose, ein paar Studenten – erwartungsvoll, lärmend, aufgeregt miteinander diskutierend strömen sie zum Vortrag eines Mannes, der all ihre Wut über die himmelschreiende Kluft zwischen Reich und Arm, all ihre Schmerzen und enttäuschten Hoffnungen, ihre Zukunftsängste und ihre brennende Sehnsucht nach einer gerechteren Welt in eine einzige zündende politische Idee bündelt: Dr. Karl Marx, Chefredakteur der „Neuen Rheinischen Zeitung". Ein Jahr zuvor hat er das „Manifest der Kommunistischen Partei" veröffentlicht.

Die Reichen werden immer reicher, die Armen immer ärmer, sagt Marx seinen atemlos lauschenden Zuhörern. Längst ist der Arbeiter zum Sklaven seines Fabrikherrn geworden, ja zur Ware, zur Sache: „Es gibt nur noch Arbeitsinstrumente, die je nach Alter und Geschlecht verschiedene Kosten machen." Fremd steht der Arbeiter dem Produkt seiner Mühen gegenüber, er schuftet nur noch für den Profit der wenigen Glücklichen, die seine Arbeitskraft gekauft haben. „Die Arbeit", ruft Marx in den Saal, „produziert Wunderwerke für die Reichen, aber sie produziert Entblößung für den Arbeiter. Sie produziert Schönheit, aber Verkrüppelung für den Arbeiter."

Am selben Abend will gar nicht so weit vom Gürzenich entfernt ein unbekannter junger Priester einen merkwürdigen Verein gründen. Einen „Gesellenverein" für junge Handwerker, die etwas für ihre Bildung tun und sich besser über ihren Glauben informieren wollen. Wer sich einbildet, mit so einer langweiligen Abendunterhaltung den berühmten Dr. Marx ausstechen zu können, muß verrückt sein. Adolph Kolping hat mit seinem sturen Gottvertrauen allerdings immer schon für etwas verrückt gegolten. Exakt sieben Zuhörer verirren sich in die Kolumbaschule, wo er ihnen erstaunlicherweise eine ganz ähnliche Einschätzung der gesellschaftlichen Verhältnisse vorträgt wie drüben im Gürzenich Karl Marx:

„Unsere heutige Industrie", stellt Kolping fest, „ist raffinierter kalter Egoismus, wie er kaum schlimmer in der Welt gewesen, und dieser übt maschinenartig eine Tyrannei auf Herren und Knechte aus..." Hörige und Sklaven ihrer Fabrik seien die Arbeiter geworden, die das große Kapital „kaum am Leben nippen" lasse: „Das Kapital errichtet Magazine, deren Inhaber nie im Schweiße des Angesichtes ihr Brot verdient, das Geld hat's getan für sie, und in diesen Magazinen liegen Tausende von Unabhängigkeiten verarmter Bürger aufgestapelt, die vom Kapital so abhängig sind, daß unter Umständen ihr Los noch schlimmer ist als das Los des Sklaven..."

Die Schlußfolgerungen, die beide Redner aus dieser Lagebeschreibung ziehen, sind allerdings grundverschieden. „Mögen die herrschenden Klassen vor einer kommunistischen Revolution zittern!" ruft Karl Marx in die begeisterte Menge im Gürzenich. Man müsse den ausgebeuteten Proletariern nur endlich ihre Situation bewußt- und sie zu einer schlagkräftigen Truppe machen, um das Werk der Befreiung in Szene setzen zu können. Das Ziel: „Alle Verhältnisse umzuwerfen, in denen der Mensch ein erniedrigtes, ein geknechtetes, ein verlassenes, ein verächtliches Wesen ist!"

Kolping dagegen erläutert dem armseligen Häuflein

seiner Zuhörer mit ruhiger Stimme, mit einem bloßen Auswechseln der herrschenden Schicht und politischen Maßnahmen allein sei gar nichts gewonnen. Statt der Strukturen müsse man die Menschen ändern, ihr Verhalten, ihren Lebensstil. „Der rechte Geist", sagt Kolping, „läßt sich aber nicht dekretieren, mit Gesetzesparagraphen herbeizitieren, der läßt sich überhaupt nicht machen." Geduldige Erziehungsarbeit sei nötig – und ein unbändig starker Glaube an den Gott, der das Glück aller seiner Menschen will.

Im selben Moment überschüttet Marx im Gürzenich eine Religion, die sich allzuoft als zäher Kitt menschenunwürdiger Strukturen erwiesen hat, mit beißendem Spott: „Die sozialen Prinzipien des Christentums predigen die Feigheit, die Selbstverachtung, die Erniedrigung, die Unterwürfigkeit, die Demut, kurz alle Eigenschaften der Kanaille, und das Proletariat, das sich nicht als Kanaille behandeln lassen will, hat seinen Mut, sein Selbstgefühl, seinen Stolz und seinen Unabhängigkeitssinn noch viel nötiger als sein Brot."

Adolph Kolping, der junge Feuerkopf in der Kolumbaschule, hält die sozialen Probleme dagegen nur auf der Basis des „alten, guten, katholischen Christenglaubens" für lösbar. Die Gesellschaft sei so elend dran, weil es so wenig richtige Christen gebe. Für ihn ist das freilich kein Anlaß, zum Kreuzzug gegen die schlimmen Heiden zu blasen, sondern die Trägen im eigenen Lager aus den Kirchenbänken zu rütteln: Das Christentum sei nicht bloß „für die Betkammern" gedacht, sondern für den Alltag und die Gestaltung der gesellschaftlichen Wirklichkeit.

Von den beiden Versammlungen im Gürzenich und in der Kolumbaschule gibt es keine Protokolle. Wir wissen nicht, ob die zitierten Sätze – zentrale Gedanken, die bei Marx und Kolping in jenen Jahren immer wiederkehren – an diesem Abend tatsächlich gesprochen wurden. Ein wenig Fiktion sei dennoch gestattet, um deutlich zu machen, daß an diesem 6. Mai 1849 in Köln zwei Welten aufeinanderprallten, zwei Menschenbilder, zwei Zukunftsentwürfe, die Geschichte machen sollten.

Für die Forschung steht längst fest, daß sich Marx und Kolping niemals als Konkurrenten betrachtet, ja einander zeitlebens so gut wie nicht zur Kenntnis genommen haben. Aber auf christlicher Seite gab es wohl keine soziale Initiative, die dem marxistischen Entwurf so gekonnt Paroli hätte bieten können wie die Idee des jungen Hitzkopfs, dem damals in der Kolumbaschule lediglich sieben Mann zuhörten. Sein Freund Vosen verriet sechzehn Jahre danach an Kolpings Grab: „Einer dieser ersten Teilnehmer äußerte sich später darüber, daß sie anfangs an dem ihnen fremden, sonderbar auftretenden Manne irre geworden und nicht begriffen hätten, was ihn denn bewegen möge, Gesellen zusammenzurufen; er schien ihnen ein unter den Geistlichen beiseite gesetzter Sonderling zu sein, der seine Zeit nicht totzuschlagen wisse."

Ein knappes halbes Jahr nach der Gründungsversammlung waren aus den sieben Vereinsmitgliedern bereits 550 geworden. Als der „beiseite gesetzte Sonderling" starb, gehörten 24600 Gesellen zum Kolpingwerk. Heute sind es 350000 in 36 Ländern der Erde.

„Tragt Holz bei und laßt Gott kochen!" pflegte der ins Risiko verliebte und fromme Sprüche nicht sonderlich schätzende Menschenfreund zu antworten, wenn man ihn fragte, woher er denn den Mut zu seinen verrückten Plänen nehme.

1

Luftschlösser: Ein Schäferssohn träumt von der großen Karriere

*„Erst will ich mich bestreben, Mensch zu sein (...)
der Wahrheit ein Zeuge, dem Mitmenschen ein Bruder."
„Laß mich ganz das werden, was ich soll."*

Eigentlich ist er ein waschechter Franzose gewesen, der deutsche Gesellenvater Kolping.

In seiner Geburtsurkunde heißt es, der Gemeindeschäfer „Pierre Külping" sei beim Standesbeamten erschienen, um die Geburt eines Sohnes „Adolphe" anzuzeigen. Tatsächlich gehörte der kleine Ort Kerpen, zwischen Köln und Aachen links des Rheins gelegen, zum französischen Kaiserreich, als Adolph Kolping dort am 8. Dezember 1813 zur Welt kam. Der Eroberer Napoleon, wenige Wochen vorher in der Leipziger „Völkerschlacht" geschlagen, war zwar schon auf der Flucht, aber die Wunden der Besatzungsjahre wollten nicht so schnell heilen.

Krieg und Brand und Tod hatten eine schreckliche Spur durch das Rheinland gezogen. Der an chronischem Geldmangel leidende Napoleon war es gewohnt gewesen, seine Armee vom Feindesland ernähren zu lassen. Die „Franzmänner" hatten ihre Kavallerie in den Städten und Dörfern einquartiert, herrisch Futter für die Pferde, Brot und Fleisch und Wein für die Reiter verlangend. Auf den Straßen zogen Scharen von Obdachlosen ins Elend. Und als die französischen Besatzer weichen mußten, erwartete man voll panischer Angst die Kosaken, von denen schaurige Geschichten umliefen.

Statt der Kosaken kamen die Preußen, was die Rheinländer auch nicht gerade begeisterte. Sie hatten die fremde Verwaltung satt. Im Kölner Karnevalszug trugen sie einen Stockfisch an einer Stange durch die Stadt und besangen ihn feierlich mit der Hymne „Heil dir im Siegerkranz". Kein Wunder, denn die neuen preußischen Provinzen Rheinland und Westfalen waren nicht nur durch eine gewaltige Länderbarriere, sondern auch durch eine ganz andere Lebensart und Mentalität vom alten Preußen mit seinen protestantischen Landjunkern geschieden.

Polizeistaat und Bürgerfreiheit

Es war eine verwirrende Umbruchzeit, in der sich das kurze, dichte Leben des Adolph Kolping abspielte. In seinem Geburtsjahr 1813 kämpften Preußen, Schweden, Engländer, Österreicher und Bayern gegen Napoleon, schrieben Ernst Moritz Arndt seine patriotischen Lieder und Johann Gottlieb Fichte seine „Staatslehre", vollendete Goethe „Dichtung und Wahrheit", komponierte Rossini die „Italienerin in Algier". Im fortschrittlichen England wurde das Lehrlingsstatut durch freie Arbeitsverträge ersetzt, und auf dem Kontinent setzte sich der Walzer als Gesellschaftstanz durch.

1865, als Kolping starb, freuten sich die Engländer über ein großzügig ausgeweitetes Wahlrecht, kapitulierten die sklavenhaltenden Südstaatler im amerikanischen Bürgerkrieg, gründete Louise Otto-Peters in Leipzig den Allgemeinen Deutschen Frauenverein. In Ludwigshafen nahm die BASF ihren Betrieb auf, in Berlin starteten Rohrpost und Pferdestraßenbahn. Gregor Mendel entdeckte die Vererbungsgesetze. In München erlebte Wagners „Tristan und Isolde" die Uraufführung, Wilhelm Busch veröffentlichte seine unsterbliche Bildergeschichte „Max und Moritz", und der Impressionist

Edouard Manet malte eine Anstoß erregende nackte „Olympia", auf die empörte Ausstellungsbesucher mit ihren Schirmen losgingen.

In diesem halben Jahrhundert veränderten sich die europäischen Gesellschaften entscheidend. Napoleon hatte den Völkern ihre Freiheit genommen, aber die Rechtsgrundsätze – nicht die sozialen Ideen! – der Französischen Revolution eingepflanzt und die bürgerliche Gesellschaft gegen die alte Ordnung durchgesetzt. Es war freilich ein militaristisch eingefärbter Nationalismus, ein System von Polizeistaaten. Eine kleine privilegierte Schicht sicherte sich immer mehr Besitz und politische Mitspracherechte, während die Masse des Volkes nach wie vor herzlich wenig zu sagen hatte.

Auf dem Wiener Kongreß traf sich das vom Unterdrükker Napoleon befreite Europa, um die Gewichte neu zu verteilen. Doch lediglich der Absolutismus der Mächtigen wurde neu zementiert – und auf eine breitere Basis gestellt: Das Bürgertum begann sich zur politisch bestimmenden Größe zu entwickeln. Die nichts hatten, blieben draußen vor der Tür. „Freiheit" hieß der zentrale Gedanke dieser Jahrzehnte und „Verfassung" das Zauberwort, mit dem man den Schutz der individuellen Bürgerrechte durchzusetzen hoffte.

Um die Mitte des 19. Jahrhunderts gelang es dem vom gebildeten Bürgertum getragenen Liberalismus tatsächlich, parlamentarische Volksvertretungen und Parteien zu etablieren. Aber noch 1847 schrieb der württembergische Liberale Julius Hölder einem Gesinnungsgenossen resigniert, die kleinen Leute hätten vom vorpreschenden Bürgertum nicht viel zu erwarten: „Der ‚Pöbel' erhielt harte Strafen, das Bürgertum neue Freiheiten." Auch dem Schneidergesellen Wilhelm Weitling, als publizistisch rühriger Vorkämpfer des sogenannten Handwerkerkommunismus später sogar von Marx bewundert, war die politische Freiheit ohne wirtschaftliche und soziale Gerechtigkeit zuwenig; er reimte bitter:

„Die Namen Republik und Konstitution
so schön sie sind, genügen nicht allein,
das arme Volk hat nichts im Magen,
nichts auf dem Leib und muß sich immer plagen;
drum muß die Revolution,
soll sie verbessern, eine soziale sein."

Die allgegenwärtige Sehnsucht nach Freiheit bedrohte auch die Herrscher über die Gedanken. Die alten geistigen Bindungen bröckelten, die Kirche hatte Konkurrenz bekommen: selbstbewußte Menschen, die sich ihre eigene Moral zimmern wollten; philosophisch orientierte Weltanschauungen, die nicht auf dem Boden christlicher Tradition entstanden waren; aber auch eine müde Skepsis, die nicht mehr an verbindliche Werte zu glauben bereit war. Der römische Katholizismus fühlte sich noch zusätzlich bedroht durch das kräftig um sich greifende Nationalbewußtsein, das von einem freien, einigen Deutschland träumte und einen liberalen Bundesstaat unter preußischer Führung anzielte. Und je mehr der Papst – aus verschiedenen Gründen – gegen die italienische Nationalbewegung Stellung bezog, desto größer mußte die Kluft zwischen patriotischen Freiheitskämpfern und Katholiken in Deutschland werden.

Wunderwelt der Bücher und Träume

Adolphs Vater, der Schäfer und Kleinlandwirt Peter Kolping, war ein Analphabet, aber ein selbstbewußter und couragierter Mann: Als einer von Adolphs Schulfreunden, der Sohn eines großmächtigen Domänenrats, in seinem Haus geringschätzig über den Pfarrer zu reden wagte, setzte er das arrogante Knäblein einfach vor die Tür.

Vater Kolping hatte überhaupt keinen Grund, sich minderwertig zu fühlen. Heute gibt ein Schäfer bloß noch ein wehmütig belächeltes Kameramotiv ab: heile Welt von anno dazumal. Anfang des 19. Jahrhunderts war das anders. Als Lieferant von Milch, Käse und Wolle war das Schaf ein hochgeschätztes Haustier, anspruchslos war es auch, mit kargen Grasböden im Tiefland ebenso zufrieden wie mit Bergalmen, und den Mann, der die zahllosen Schafe einer Dorfgemeinschaft auf der Weide zusammenhalten, vor dem Wolf schützen und ihre Krankheiten heilen konnte, behandelten die Bauern mit sachkundigem Respekt.

Nie sei er glücklicher gewesen, wird Adolph Kolping später berichten, „als wenn ich bei meinem alten, steinalten Großvater saß, die Mutter neben ihm mit dem Spinnrad, der Vater, der den Tag über tüchtig schaffen mußte, hinter dem Ofen saß, sein Pfeifchen rauchte, meine Geschwister um mich herum spielten und der alte Großvater Stückchen und Märchen erzählte".

Ob die dick aufgetragene Idylle nicht täuscht? Es wird den Eltern in kargen Zeiten nicht immer leicht gefallen sein, mit ein paar eigenen Schafen, einem Gemüsegärtlein und ein bißchen Ackerland fünf Kinder satt zu bekommen. Und wenn auch der kleine „Dölfes" als vierter in dieser Reihe verhältnismäßig behütet aufgewachsen sein mag, während sich die älteren Geschwister schon in der Küche und im Stall abrackerten – irgendwann wird ihn der Vater auch zum Hüten abkommandiert haben, und so angenehm war es nicht, die Herde bei Wind und Wetter über die Äcker und Wiesen zu treiben, immer wachsam, immer auf dem Sprung.

Aber daß er nie mehr im Leben so eine Herzlichkeit und Geborgenheit fand, daß er dort im Elternhaus lernte, alles – das Kleine und das Große – mit Gott zu beginnen, das dürfen wir dem Gesellenvater schon glauben. Seiner Familie, die ihn die Dorfschule ohne Unterbrechung besuchen ließ und ihn nicht, wie es üblich war, immer wieder zum Helfen nach Hause und aufs Feld holte, verdankte er auch eine für seine ärmlichen Verhältnisse ungewöhnlich gute Schulbildung. Und die auffallenden – und anstößigen – „höheren" Interessen des Knirpses kamen wohl auch nicht von ungefähr: Lediglich „wegen meiner Leselust, die ich in jedem freien Augenblicke zu befriedigen suchte", habe er später Verweise von seinem Meister bekommen.

Es gab zwar keine Zeitungen und Bücher in der Schäfersfamilie, aber Erzählabende, die unbeschreiblich fesselnd gewesen sein müssen; in seinen Kalendergeschichten schildert der längst erwachsen gewordene Kolping so ein Kinderparadies: „Da saß zur Winterszeit der lange Franz, ein Taglöhner, aber ein gar phantasiereicher Kopf, bei uns oder in der Nachbarschaft hinter dem Ofen und erzählte Jahr aus Jahr ein eine ganze Welt voll Märchen der aufhorchenden Jugend und selbst den Alten..."

Der „Dölfes" verschlang die deutschen Heldensagen und die hintersinnigen Streiche des Till Eulenspiegel, aber er ließ sich auch vom Leben Jesu des Martin von Cochem und von den derben Bußpredigten eines Abraham a Santa Clara fromme Schauer über den Rücken jagen. Doch in die Wunderwelt der Bücher und Träume brach die harte Realität ein, als er seinen zwölften Geburtstag gefeiert hatte. Die Schule war zu Ende, und der Schäfer Kolping hatte kein Geld, sein lesewütiges Söhnchen auf eine höhere Bildungsanstalt zu schicken.

1826, der „Dölfes" war noch keine 13 Jahre alt, stand er als Lehrbub beim Schuhmachermeister Meuser in der Kerpener Mähnstraße ein.

Als Schustergeselle auf der Walz

In den nächsten elf Jahren war die enge Schusterstube Adolphs Welt. Der Rücken schmerzte vom ständigen unbequemen Sitzen auf dem Dreifuß. Knie und Schenkel taten weh, wenn sie stundenlang als Unterlage für den Leisten gedient hatten, auf den der „Dölfes" manchmal so wütend losschlug, als gelte es einen tückischen Kobold zu verprügeln. Tatsächlich erschienen ihm die beinharten Lederstücke und die Holznägel, die sich so schwer in das widerspenstige Leder treiben ließen, oft genug wie Marterinstrumente, von einem bösen Dämon bloß für ihn ersonnen. Dann betrachtete er traurig seine schwieligen, vom Schusterpech geschwärzten Hände und sehnte sich nach den Abenteuergeschichten, in die er sich spät nach Feierabend vergrub, bis ihm die Augen zufielen.

Knapp 16 Jahre alt, bestand Adolph die Gesellenprüfung mit einem anständigen Zeugnis – aber ausgerechnet die Stiefel, die er seinem Vater zum Namenstag schenken wollte, gerieten zu knapp. Vielleicht war das der Grund, daß sich der junge Adolph auf die Wanderschaft begab, um in den Werkstätten des Umlandes dazuzulernen, andere Arbeitstechniken auszuprobieren, Gewandtheit im Umgang mit Meistern und Kunden zu erwerben. „Mein Wissen genügte mir nicht", erläuterte er später seinen Lehrern, „meine Fertigkeiten in meinem Fache schienen mir nach der Vorstellung, die ich davon hatte, nicht hinzureichen, des Dorflebens wurde ich überdrüssig..."

Adolph wird seinen Entschluß mehr als einmal verflucht haben! Denn von Landstraßenromantik war auf dieser strapaziösen Wanderung wenig zu spüren. Müde und hungrig trabten die Handwerksgesellen endlose Landstraßen dahin ins Ungewisse, mißtrauisch beäugt von den Dörflern, selten mit einem Stück Brot und einem frischen Schluck beschenkt – und man mußte schon großes Glück haben, wenn einer von den Meistern, bei denen man hoffnungsvoll anklopfte, gerade einen Gesellen oder auch nur eine Aushilfskraft suchte. Adolphs Zeugnisse lassen darauf schließen, daß er mächtig froh war, wenn er irgendwo seßhaft werden konnte, und sich entsprechend ins Zeug legte. Das bestätigte ihm beispielsweise sein Lehrherr in Lechenich 1832 in gestochen schöner Schrift: „Der Schustermeister Johann

Michel Schwister aus Lechenich, bescheiniget hiermit, daß der Adolph Kolping 1 Jahr als Geselle bei mir gearbeitet, und sich während dieser Zeit gut betragen hat."

Glück hatte der junge Kolping bei der Musterung: Er wurde für tauglich befunden und dem 28. Infanterie-Regiment zugeteilt, zog aber bei der damals üblichen Rekrutenauslosung eine so hohe Losnummer, daß er nicht mehr für das Regiment in Frage kam. In Preußen herrschte ein Überangebot an Soldatennachwuchs. Adolph konnte sich über die eingesparte Militärzeit nicht lange freuen: Im selben Jahr verlor er seine Mutter, eine ungemein warmherzige, aber auch wehmütig-melancholische Frau. Den bitteren Schmerz schrieb sich der Zwanzigjährige in seinem ersten Gedicht von der Seele, 36 gefühlsschwere, stilistisch noch sehr unsichere Strophen lang:

„Einsam, mutterlos, alleine
Irr' ich nun in stiller Nacht,
Bete, seufze tief und weine
Über dich bei Sternenpracht.
Doch des Himmels Trost steigt nieder,
Wenn ich denk' an Jesus Christ,
Daß er brachte Leben wieder,
Als er uns gestorben ist.
(...)
Liebe Mutter, bis vollendet
Wir des Lebens Klippenbahn,
Bis wir fromm mit Gott geendet,
Leite du den Lebenskahn."

Die verhaßten kleinen Verhältnisse

Sein beruflicher Ehrgeiz trieb den ruhelosen Gesellen weiter nach Köln, in die ersten Schusterwerkstätten der geschäftigen Stadt, in der kraftvoller Glaube und trostlose Verkommenheit dicht nebeneinander wohnten, in der es unzählbar viele Kirchen gab und noch mehr Spelunken... Er habe sich auf den Weg gemacht, gesteht Kolping, „um auf größeren Werkstätten vollkommenere Arbeit, gebildetere Menschen zu suchen, um wenigstens den Studien nahe zu sein, die ich im Grunde des Herzens über alles liebte."

Ein merkwürdiger Schustergesell, wie er sich da selbst als strebsamer Schöngeist porträtiert. In Köln wurde er jedenfalls noch bitterer enttäuscht als in den Dörfern und Marktflecken vorher. Kolping: „Kölns erste Werkstatt hatte ich erreicht, saß in einem Kreise, nach dem sich so viele vergeblich bewarben; aber noch erbebt mein Inneres, wenn ich an die schrecklichen Tage gedenke, die ich dort mitten unter der Liederlichkeit und Versunkenheit von Deutschlands Handwerks-Gesellen zugebracht habe (...) Schätze sich jeder glücklich, der nie so etwas sah und hörte, der nie mit solchen Menschen in Berührung kommt!"

Da ist er wieder, der Anflug von Menschenverachtung, der Kolpings frühe Selbstzeugnisse prägt, die felsenfeste Überzeugung, aus edlerem Holz geschnitzt und zu Höherem berufen zu sein als die primitiven Kollegen in der Schusterstube, das hartnäckige Bemühen, um jeden Preis auf Distanz zum eigenen Milieu zu gehen, das Leiden an der geringen Herkunft, der Traum von der großen Karriere in geistigen Sphären. Der Schustergeselle will heraus aus seiner kleinen Welt. Die Werkstatt mit ihren dumpfen Gerüchen, mit den immer gleichen Gesprächen und flachen Witzen ist ihm zum Gefängnis geworden. Wofür soll er hier eigentlich büßen? Ist es denn seine Schuld, in einer Schäferkate geboren zu sein? „Gebildete Menschen hatte ich gesucht, rohe Gemüter, meist schon in ihrem tiefsten Innern verdorben, hatte ich gefunden."

Der Drang, auszubrechen, neue Erfahrungen zu machen, wird immer stärker. Der gesunde Ehrgeiz, der ihn anspornt und seine Fantasie, seine Kreativität herausfordert, paart sich mit einer gefährlichen Verachtung der bescheidenen Ansprüche seiner Umgebung. „Unter dieser Volkshefe konnte ich nicht sitzen bleiben", so schneidend hart formuliert er einige Jahre später, im Februar 1841, in dem Lebensabriß, den jeder Schüler bei der Anmeldung zum Abitur abliefern muß. Der endgültige Ausbruch aus den verhaßten kleinen Verhältnissen steht bevor, und als ob er sich ein letztes Mal Luft machen wollte nach Jahren eines dumpfen Martyriums, gießt er seinen Spott über die „krasse Unwissenheit" und „geistige Erbärmlichkeit" seiner Umgebung aus.

Nein, so geradlinig, wie es die fromme Legende will, ist Kolpings Leben weiß Gott nicht verlaufen. Da gab es harte Brüche und schmerzhafte Lernprozesse – wie bei vielen „klassischen" Heiligen auch, wie beim verwöhnten Herrensöhnchen Francesco Bernadone aus Assisi, das die Armut lieben lernte und später Franziskus hieß, wie beim Haudegen Ignatius von Loyola mit seinen Raufhändeln und Frauengeschichten, der sein Leben radikal umkrempelte und den Jesuitenorden gründete. An seinem 40. Geburtstag hat es der sehr selbstkritische Kolping selbst zugegeben, in einem Brief an eine mütterliche Freundin: „Ich kenne ja auch meinen Zickzack durchs Leben selbst am besten und habe die Kette des Gewebes selber aufgespannt, mag auch eine höhere Hand den Einschlag besorgt haben."

Dabei hat der junge Schustergeselle in seinen Schilderungen nicht einmal übertrieben. Wir werden noch sehen, wie schlimm es in den Herbergen zuging und welche Verkommenheit unter den wandernden Gesellen herrschte. Interessant, daß der Mitverfasser des „Kommunistischen Manifests", der stets tadellos gekleidete Fabrikantensohn Friedrich Engels ähnlich naserümpfend auf die jungen Handwerker herabsah, die er „dumme Jungens" und „Esel" nannte.

Dennoch: Ein wenig mehr Verständnis für die Gründe,

die so viele Handwerksgesellen in Suff und Verzweiflung und in den sozialen Abgrund trieben, ein wenig mehr Solidarität mit dem eigenen Stand hätten wir uns von dem Schäferssohn Adolph Kolping schon erwartet – vielleicht auch ein wenig mehr Liebe für die Menschen, die seinen Weg kreuzten. Es berührt uns unangenehm, wenn wir ihn in dem schon zitierten Lebensabriß so um das eigene Ich kreisen sehen.

„Elend war ich", klagt der 28jährige, „wenn ich mich an meine Umgebung anschloß, mit ihr lebte und mit gleichem Leichtsinn des Schöpfers kostbarste Gaben verschleuderte, unglücklich, wenn ich es versuchte, mich von ihnen loszumachen, um meinen eigenen Weg zu gehen. Das letztere war fast nicht möglich, da das genannte Geschäft durchaus ein enges Zusammenleben bedingt. Und wer würde sich auch sonst an den Schuster anschließen, wenn er auf eine höhere Bildung Anspruch machen kann? Das Bewußtsein meiner unglücklichen Lage wurde noch schmerzlicher, als ich durch die Leserei, der ich mich nie entwöhnen konnte, ganz andere Begriffe über den Menschen, seine Bestimmung, über die Würde einer höheren Bildung erlangte. Ich fand mich vereinsamt mitten unter meinen Standesgenossen, an eine Lebensweise gebunden, die mir allmählich Grauen einflößte, und doch keinen Ausweg vor mir, aus diesem Labyrinthe zu entkommen. (...) Also mein Leben lang diese Kette herumzuschleppen, die mich jetzt schon so herb drückte, mein Leben lang in dem Schmutze sitzen zu bleiben, der mich schon so lange angeekelt hatte, der Gedanke wurde mir unerträglich."

Einem unbekannten Kolping begegnen wir in diesen Jahren, ein wenig eitel und auf Abdrucke seiner mit ziemlich viel hohlem Pathos beladenen Gedichte erpicht:

„Ich stand an Rheines Ufer und schaut' wohl in die Flut,
Die tobte wildbrausend wie mir das eigne Blut,
Tost nur, ihr Wogen mächtig, so ist's mir recht zu Sinn,
Ich sprach es, riß vom Busen den Strauß und warf ihn hin."

Derart schauerliche Knittelverse finden sich im umfangreichen Nachlaß neben gekonnten Stimmungsbildern und überzeugender Poesie, unter Titeln wie „Des betrogenen Mädchens Klage", „An die Veilchenverkäuferinnen", „Ode an den geboren Heiland", „Wanderlust"... Die oft recht oberflächlichen Ideale des Bildungsbürgertums nachzubeten und sich seinen Stil anzueignen, gehörte sicher zu Kolpings Vorstellung vom sozialen Aufstieg.

Mit 24 noch einmal auf die Schulbank

Kolpings angeekelte Flucht vor den jungen Berufskollegen war keine gute Voraussetzung für den späteren Gesellenpfarrer. Der Aufstiegsbesessene hatte noch einen schmerzhaften Bekehrungsprozeß vor sich, der ihn wieder in die verachtete Welt der Handwerker zurück und zu einer neuentdeckten Solidarität mit denen führen sollte, die er einst als „Volkshefe" verspottet hatte.

Wir können nur raten, wie stark der Wunsch nach Bildungschancen und geistigen Entfaltungsmöglichkeiten bei Kolpings jetzt zum ersten Mal geäußerten Gedanken an den Priesterberuf mitgespielt hat. Auch die wahren Motive für den Verzicht auf seine Jugendliebe und – später – auf die Einheirat in eine solide Kölner Schuhmacherfamilie liegen im dunkeln. Es ist auch gar nicht nötig, den jungen Kolping zu einem kompletten Heiligen zu erklären, der alle irdischen Sehnsüchte natürlich ohne Zögern der höheren Berufung geopfert und nie auch nur im Traum an Karriere oder Sozialprestige gedacht habe.

Die eine Klippe auf Kolpings Lebensbahn, die sich aus den autobiographischen Aufzeichnungen erschließen läßt, lag in einer Kölner Werkstatt: „Die Familie des Meisters war klein, außer der Hausfrau nur noch eine Tochter", umschreibt er behutsam die Situation. „Der Meister war wie ein Vater zu mir, er pflegte zu sagen, er habe zwei Kinder, und wenn er wüßte, daß ich immer in seinem Hause bliebe, dann wolle er ruhig sterben. Ich hätte von Stroh sein müssen, wenn ich nicht hätte merken können, wohin solche Reden zielten. Als eines Tages abermals die Rede sich um diesen Punkt drehte und man sich zu wundern schien, daß ich nicht mit beiden Händen das zugeworfene Glück aufgriff, eilte ich auf mein Zimmer; denn meine Kraft allein reichte nicht aus, um diesen guten Leuten zu sagen: ‚Ich gehe.' Auf meinem Zimmer weinte ich mich aus, und mit dem Kruzifix in der Hand erneuerte ich meinen Vorsatz, Priester zu werden, und bat Gott um Hilfe."

Möglicherweise ist Kolping dieser Verzicht nicht allzu schwer gefallen, denn er erzählt lediglich von einem braven Schuhmachermeister, der ihn sich zum Schwiegersohn wünschte; von irgendwelchen zarten Gefühlen zwischen ihm und der Schusterstochter ist nicht die Rede. Anders liegt der Fall bei seiner Jugendliebe Anna Kläre Margarete Statz, zwei Jahre jünger als Kolping und die Tochter des Kerpener Dorflehrers; mit ihrem Bruder verband ihn eine echte Freundschaft. Kaum hatte er sein Theologiestudium in München aufgenommen, vertraute er seinem Tagebuch an, wie schwer ihm der endgültige Abschied von Anna gefallen war:

„Mit Gewalt habe ich die Tränen unterdrückt, wie nahe sie meinen Augen standen, da, als die Liebe sich noch mal mit ihrer ganzen Gewalt an mein Herz hing und ich sie lassen mußte. O, ich weiß wohl, so viel Liebe, solche Anhänglichkeit, solche Treue wie in der Heimat finde ich nirgend mehr in der Welt, aber diese unbegrenzte Liebe hat mir den Paß zur Fremde in die Hand gedrückt. Diese Liebe darf ich nicht erwidern, aber ihre Schuld drückt mich zu Boden."

Gemeint ist damit keine moralische, sondern eine Dankesschuld – das präzisiert er wenige Tage später im selben Tagebuch: „Ist sie doch den rauhesten Pfad des Lebens mitgewandelt, stets treu geblieben in Freud und Leid, hat mich stets nach oben gewiesen, wenn Leidenschaften mich zur Erde hinabziehen wollten. (...) Des Herzens Regungen kann und werde ich nie verleugnen, solange ich sie mit meiner Stellung verträglich finde. Alles wechselt, nur die Liebe ist beständig."

Welcher Tiefschlag muß es da gewesen sein, als er mit 22 Jahren seinem Heimatpfarrer von seinem Berufswunsch erzählte und den ernüchternden Ratschlag erhielt: „Schuster, bleib bei deinen Leisten!" Das Sprichwort traf ihn in seiner brutalen wörtlichen Bedeutung und schien ihn ein Leben lang in der engen Werkstatt festzunageln.

Was sollte er tun? Einen „zweiten Bildungsweg" zur Überwindung herkunftsbedingter Blockaden gab es damals ja noch nicht. Der verzweifelte Schustergeselle machte sich die Entscheidung nicht leicht. Er wußte, daß er alles riskierte. War er nicht schon zu alt, um neu anzufangen? Konnte er es sich überhaupt leisten, auf seine zwar bescheidene, aber sichere Handwerkerexistenz zu verzichten? Welche Tollkühnheit gehörte dazu, sich ohne Geld und Protektion in ein Abenteuer mit ungewissem Ausgang zu stürzen? Und was vielleicht am schwersten wog: Hatte er nicht eine Verantwortung für den alten Vater und die unversorgten jüngeren Geschwister?

Doch die Schäfersfamilie reagierte großartig auf Adolphs Pläne: „Anstatt aber dort auf Widerstand zu treffen, fand ich nur die aufrichtigste Teilnahme", freut er sich in seinem zum Abitur verfaßten Lebenslauf, „und selbst mein alter Vater meinte, wenn ich mit meinem Stande nicht zufrieden wäre, so sollte ich nur nach meinem Gutdünken mich nach einem andern umsehen, seine Zustimmung hätte ich, da er überzeugt sei, daß mich Gott zum Besten leiten würde."

Glück hatte Kolping auch bei seinen nächsten Schritten hin zum hartnäckig verfolgten Ziel: Der Pfarrer einer Nachbargemeinde vermittelte ihm Privatstunden in Latein. Als er wenige Monate später seinen Heimatpfarrer Joeken, der ihn erst so barsch abgewiesen hatte, um die Abnahme des Lateinexamens bat, war dieser baff: Hinter solch eiserner Zielstrebigkeit mußte mehr stecken als bloß ein alberner Traum. Nun durfte Kolping beim Kaplan von Kerpen Nachhilfestunden in Latein und Griechisch nehmen. Ein schweres Stück Arbeit, weil er ja nebenher seinen Schuhmacherberuf ausübte und sich der in solchen Dingen ungeübte Verstand nur mit Mühe an die fremdartigen Vokabeln und Deklinationen gewöhnen konnte.

Das Glück blieb ihm gewogen, als er 1837 im angesehenen Kölner Marzellengymnasium vorsprach und gleich in die Tertia aufgenommen wurde – schlimm genug, als 24jähriger neben zwölf- und 13jährigen Jungen die Schulbank zu drücken. Die Lehrer scheinen ihn sehr verständnisvoll behandelt und gefördert zu haben; er spricht bescheiden von „schonender Rücksicht", läßt allerdings später in einem Brief an den Freund Statz in Kerpen durchblicken, beim Abitur habe es Schwierigkeiten gegeben, er sei den Herren wohl „nicht servil genug" gewesen.

Das Reifezeugnis für den altbackenen 28jährigen Gymnasiasten, ausgestellt am 3. April 1841, bescheinigt ihm den schon bekannten „entschiedenen Trieb zu wissenschaftlicher Bildung", nennt aber auch Lücken beim Namen: Seinen Lateinarbeiten sehe man „den Mangel einer gründlichen gramm. Beschulung und eine gewisse Haltlosigkeit" an, in der französischen Sprache „fehlt es ihm noch sehr und nach allen Seiten hin", und auch die Mathematikkenntnisse ließen zu wünschen übrig. Merkwürdig die distanzierte Beurteilung im Fach Religion: „Abit. zeigte, daß ihm eine gewisse Fülle religiöser Gedanken und Erkenntnisse zu Gebote steht; von denen auch sein Herz recht ergriffen scheint."

Für die zähe Disziplin, die nötig war, in einem normalerweise nicht mehr besonders lernbegeisterten Alter dreieinhalb oft erdrückend harte (üblich waren fünf) Schuljahre durchzustehen und den chronischen Geldmangel dabei ebenso zu bewältigen wie eine Reihe ernster Krankheiten, hatten die gestrengen Herren Prüfer anscheinend keinen Blick. Nicht einmal ein volles Jahr lang war er vom Schulgeld befreit; Kolping mußte Stunden geben, um sich durchzubringen, zum Studieren blieb ihm manchmal nur die Nacht. Zu seinen häufigen Unterleibsbeschwerden und Brustleiden gesellten sich die Pocken und ein mehrmals wiederkehrender gefährlicher Bluthusten. Es sei nicht einfach, sich von allen schönen Wünschen zu verabschieden und ins Grab zu blicken, während die Welt ringsum noch voll fröhlicher Bilder lache, schrieb er damals erschrocken in sein Tagebuch: „Auch ich habe empfunden, was es heiße, die Vorahnung des Todes im Busen zu tragen."

Kolping bewältigte die Härten seines Lebens mit einem Glauben, der – vielleicht ein Erbstück seiner schlichten Herkunft – ernst und zupackend war, überhaupt nicht sentimental und von Jahr zu Jahr reifer: „Laß mich *ganz* das werden, was ich soll", heißt es in einem Gebet des 24jährigen. Was er sich damals vornahm, zeigt ihn bereits auf dem Weg von der selbstgefälligen Streberei seiner Jugendträume hin zur Solidarität mit denen, die ihn später brauchen werden: Er wolle sich nicht selbst einen Heiligenschein aufsetzen, um sich unter den Mitbrüdern hervorzuheben, sondern: „Erst will ich mich bestreben, Mensch zu sein, die hohe Bestimmung desselben begreifen lernen, zu der er geboren ward; die Pflichten des Menschen erkennen und erfüllen lernen, die ihn gerecht machen, unter seinen Brüdern zu leben und für sie zu wirken; dann, nachdem ich erkannt habe die Wege, die zur Vollendung führen, dann will ich mit festem Fuße sie betreten, will die erkannte Wahrheit festhalten und sie verteidigen, mit freier, offner Stirn bekennen, was in meiner Seele vorgeht, der Wahrheit ein Zeuge, den Mitmenschen ein Bruder sein."

Um den Menschen ging es ihm in seinen Studien, das hatte sich in diesen verspäteten Gymnasialjahren immer deutlicher herauskristallisiert, um die „Fortbildung der Menschen im Guten", nicht um das Sammeln beeindrukkender Detailkenntnisse; solche Wissenschaftler und Schullehrer führten doch bloß ein „gelehrtes Nichtsnutzerleben".

Studium in der Stadt der „Finsterlinge"

In einem Courths-Mahler-Roman oder in einer TV-Seifenoper hätte sich die Szene hervorragend gemacht. Aber das Wunder, das alle Geldprobleme des Abiturienten Kolping löste, hat sich tatsächlich so abgespielt! Mitten in der Nacht ließ ihn die Tochter eines Gutsbesitzers aus der Kerpener Gegend, Maria Helena Meller, an das Bett eines Sterbenden holen. Es war ein verkrachter Theologiestudent, dem Alkohol verfallen. Das Mädchen hatte ihn liebgewonnen, als er Hauslehrer auf ihrem Gut gewesen war, und bat Kolping nun im Vertrauen auf seine Diskretion, ihm das Sterben zu erleichtern und für die Bestattung zu sorgen. Wenige Wochen später eröffnete sie ihm, um jede mögliche Schuld des so elend gestorbenen Priesteramtskandidaten gutzumachen, habe sie beschlossen, dem mittellosen Kolping das Studium zu finanzieren. Ein Angebot, das der überraschte Schäferssohn allerdings erst nach dreiwöchiger Bedenkzeit und unter der Bedingung annahm, in seinen Entscheidungen frei zu bleiben.

Jetzt konnte Adolph nach München gehen, wo die Erneuerungsbewegung im deutschen Katholizismus ihren

Mittelpunkt hatte. Münchener Hochschullehrer nahmen Impulse der Aufklärung auf und verbanden sie mit einer menschenfreundlichen Theologie. König Ludwig I., ein idealistischer Romantiker, den Papst Gregor XVI. „il più gran protettore", den größten Beschützer der Kirche nannte, gründete nach der verheerenden Säkularisation zahllose Klöster neu, holte die Benediktiner nach Bayern zurück und versuchte das Kunststück, traditionelle christliche Werte, monarchische Autorität und freiheitliche Ideen zu verbinden. Religion sei das wichtigste Bildungsgut, hatte er in seiner Thronrede erklärt, aber er wünsche keine bigotten „Kopfhänger". In Bürokratie, Parlament und liberaler Presse regte sich wütender Widerstand gegen die „Päpstler" und „Finsterlinge", die in München die Politik bestimmten.

Kolping war begeistert vom geistigen Klima der bayerischen Landeshauptstadt („Überhaupt ist das katholische Leben hier recht zu Hause"), äußerte sich in seinen Briefen allerdings gelegentlich kritisch über die ungehobelten Einheimischen: „Machen sie von außen auch noch so sehr eine hübsche Figur und wissen sie diese auch durch ihre Kleidung noch zu heben, so dürfen sie nur den Mund auftun und man hat's satt. Dicke Worte wie ihre Nudeln, dabei eine barbarische Wortstellung, wodurch der Gedanke selbst etwas Unbehilfliches, Plumpes erhält." Respektlos betrachtete er sich den König, der – mit magerem Gesicht und „gutmütigem Äußern" – mehr an ihm „vorbeigehüpft" als gegangen sei. Dafür beeindruckte ihn die unzählbare Schar der Barmherzigen Schwestern bei der farbenprächtigen Fronleichnamsprozession: „Was träume ich Tor noch von Entsagung, die sind stärker als ich, ich muß mich schämen."

Restlos gefesselt aber zeigte er sich von den Lehrerpersönlichkeiten um den Geschichtsphilosophen und Publizisten Joseph Görres. Der „Görres-Kreis" führte im katholischen Deutschland den Kampf gegen Staatsallmacht und Obrigkeitswillkür wie auch gegen das Erbe der Französischen Revolution. Von einem starken katholischen Einfluß erhoffte man sich eine organischere Entwicklung der Gesellschaft und mehr Freiheitsräume gegenüber dem absolutistischen Staat.

An den Kirchenhistoriker Ignaz Döllinger, der später zum Mittelpunkt des innerkirchlichen Widerstandes gegen das Unfehlbarkeitsdogma werden sollte, schloß er sich besonders eng an. Kolping durfte fast täglich seine Bibliothek benutzen, erledigte für ihn Buchbestellungen und ließ sich von Döllinger in seinen Studien beraten. In dem angeblich so knochentrockenen Gelehrten entdeckte er den Menschen: „Er ist ein herzlich guter Mann", notiert er, „den man nur von der rechten Seite kennen muß." Vielleicht liegt im vertrauten Umgang mit dem Historiker, der sich für die Arbeiterprobleme interessierte und mit französischen Pionieren des Genossenschaftsgedankens eng befreundet war, eine der Wurzeln für Kolpings späteres soziales Engagement.

Kolping stand im 28. Lebensjahr, als er sein Studium in München begann; kein Wunder, daß er wie ein Wilder arbeitete, um die verlorene Zeit einzuholen. Wenn um acht Uhr die Vorlesungen begannen, hatte er in der Regel schon zwei Stunden studiert, Dogmatik und „hebräische Altertümer", wie wir seinem Tagebuch entnehmen können. Die Zeugnisse, die es damals noch für den Vorlesungsbesuch gab, bescheinigen ihm „ausgezeichneten Fleiß". Kolping scheint aber auch menschlich überzeugt zu haben; unter den „preußischen" Studenten in München nahm er bald eine Art Führungsrolle ein. Als „feurige und energische Natur" schildert ihn ein Kommilitone, als „Mittelpunkt und Haupt" der Norddeutschen.

Natürlich hat der nach außen soviel Selbstbewußtsein ausstrahlende Spätberufene auch seine Zweifel und Ängste gehabt. Depressiv und krank vor Heimweh, erinnert er sich an Christi Himmelfahrt 1841 an das Glück der Kindheit und die „verlorenen Tage" seither: „Heute kniete ich wieder vor dem Altare, wünschte, wieder beten zu können wie damals, aber das wird schwerlich wiederkehren. Die Worte sind schöner geworden, aber ach, das Herz ist nicht so lauter." Innere Konflikte verraten auch manche selbstquälerischen Passagen in seinen Tagebüchern, etwas altjüngferlich formulierte Absagen an die „Lust der Sinne" und den „trügerischen Schein der Welt": „Ich kann mich nicht mehr als lebenslustigen Studenten denken", ermahnt er sich da selbst, „bin ich doch schon mit meinem Erlöser in eine Gemeinschaft des Lebens getreten, in der sich der ganze Ernst des Lebens ziemt." Poetische Anwandlungen verbietet er sich deshalb genauso streng wie die Freude an antiken Plastiken, die in der Münchener Glyptothek ausgestellt sind: „Ein Gefährliches hat das öftere Beschauen solcher Werke", notiert er zerknirscht und sieht in der Körperkultur der griechischen Bildhauer allen Ernstes einen „wollüstigen Geist" walten.

Die Hosenträger des Andreas Hofer

„Du lieber Himmel, welch ein kolossaler Mann muß Hofer gewesen sein. Sein Hosenträger reichte mir bis an die Knie. Des kann ich mich aber nun rühmen, Hofers Hosenträger getragen zu haben."

Wie man aus dieser Erinnerung an den Besuch des Innsbrucker Landesmuseums sieht, hat die in den Ferien unternommene Fußwanderung durch Tirol nach Venedig befreiend auf den schon etwas verknöcherten Kolping gewirkt. In seinen umfangreichen Reiseskizzen erweist er sich als amüsiert-selbstironischer, manchmal sozialkritischer Beobachter seiner Umgebung. Unverkennbar sein Talent, knapp und mit trockenem Humor das Wesentliche zu zeichnen:

In Padua hat ihn die Geschäftigkeit der Handwerker beeindruckt, die unter den Bogengängen an den Straßen mitten unter den Passanten ihre Arbeit tun. „Dadurch bekommen die Straßen ein überaus belebtes Ansehen, und trifft sich's grade, daß man in die Gegenden der Märkte kommt, so ist alles nur ein großes Menschengewimmel. Es sieht aus wie ein ungeheurer, auseinandergescharrter Ameisenhaufen, das Getöse und das Rufen und Summen dabei zu denken."

An den Bergkuppen über Innsbruck hat er das faszinierende Spiel der Gewitterwolken beobachtet: „Oft zeigt sich ein solches Wetter und zieht wieder ab, dann lagert sich ein dünner Wolkenstreif um die Berggipfel, der aber eine ganz andere Richtung hat als die übrigen Wolken. Da der Wind sich nach der Richtung der Täler richtet, so weht oft in einem kaum eine halbe Stunde entfernten Tale ein ganz entgegengesetzter Wind. (...) Als wir so einige Zeit fortgewandert, bemerkten wir, daß in einer bestimmten Höhe der Nebel licht zu werden begann, und es schien, als ob die Sonne durchbrechen wolle. Durch diese lichten Striche hindurch sah man nun die dunklen Umrisse der obersten Bergkuppen hoch über dem Nebel in die Lüfte ragen. Der Anblick hatte etwas Großartiges, fast Gespensterhaftes. Man hätte glauben sollen, die Berge wären doppelt so hoch geworden."

Dort bei Hochzirl hat er in der sengenden Augusthitze die 1330 Meter hohe Martinswand bestiegen – ein wahnwitziges Unternehmen, wie er nachher selbst zugibt. Der Pfad führte, oft kaum einen Fuß breit, über Steingeröll an schroffen, steil in die Tiefe ragenden Abgründen vorbei. „Neben sich hinblicken darf man nicht, ein falscher Tritt, ein Stein im Wege, eine Wurzel kann Verderben bringen." An den gefährlichsten Stellen mußte er sich an in den Fels geschlagenen Haken weitertasten. Aber: „So was tut man um der leidigen Ruhmsucht willen, irgend an einem merkwürdigen Flecke gewesen zu sein."

In Innsbruck war er mächtig stolz darauf gewesen, daß man ihm, dem Rheinländer, die wie eine Reliquie verehrten Hosenträger des Tiroler Freiheitshelden Andreas Hofer umlegte. Am Anfang seiner Italienreise hatte er sich noch ungehemmt treudeutschen Vorurteilen hingegeben. Die Tiroler hielt er für biedere Leute, die Italiener dagegen für verschlagene Gesellen: „Die sonnenverbrannten Italiener mit ihrer nackten Brust, den schwarzen Haaren und den listigen, diebischen, oft unheimlichen Zügen sieht man in Massen um sich", notiert er in Trient, gesteht aber im selben Atemzug ein, daß das wohl „eine überflüssige Furcht" sei. Gefreut hat ihn auch das damals geltende Ansiedlungsverbot für Protestanten in Tirol. Eine „gescheite" Entscheidung, meint er, denn so sei das Land vor dem „falschen Licht" der Aufklärer bewahrt geblieben.

Nur wenige Wochen später, als er sich auf den Heimweg nach Bayern machte, äußerte er sich schon erheblich selbstkritischer. Seine „eigene werte Person" sei wohl zu sehr im Vordergrund gestanden und die Beobachtung von Land und Leuten zu oberflächlich gewesen. Jetzt entdeckte er auch am Tiroler Biedersinn Schwächen – eine „Politur" unechter Höflichkeit dem Fremden gegenüber –, während er die bewegliche Eleganz der Italiener und ihren Sinn für Harmonie bewunderte. Die Klischees begannen sich aufzulösen. Wenn man in den engen venezianischen Gäßchen zerlumpten Leuten mit spitzbübischem Ausdruck begegne und gleich „den Kopf voll von Mordgedanken hat", so sei das „die Frucht der Vorurteile", gesteht er beschämt.

Am Ende seines Lebens, 1862, wird er eine Romreise machen und ein Loblied auf das vornehme, grundehrliche Volk dort singen. Nie habe er in Rom eine Gemeinheit gesehen, nie einen richtig enthemmten Säufer, dafür viel Mitleid mit Armen und Gestrandeten. In welcher deutschen Stadt könne man schließlich so sorglos neben seiner Habe einschlafen wie in Rom? „Und wir Deutsche tun uns doch etwas zugut auf unsere Ehrlichkeit..."

Reifer geworden, kehrte der Wanderer nach München zurück. Er habe nach besten Kräften „gelehrtes Material" für seinen künftigen Beruf gesammelt, schrieb er im folgenden Jahr in sein Tagebuch, doch nun wolle er an der „Kultur des eigenen Herzens" arbeiten. Nach dem Münchener theologischen Abschlußexamen wechselte er für die drei letzten Semester an seine „Heimatuniversität" Bonn, wie es Vorschrift war – aber mit gemischten Gefühlen. Denn in Bonn hatte der Dogmatikprofessor Georg Hermes gelehrt, der in den Augen vieler traditionstreuer Katholiken die skeptischen Fragen der Unentschiedenen viel zu ernst nahm und dem Zeitgeist zu sehr hinterherlief.

Hermes wollte zeigen, daß der Glaube der Vernunft nicht widerspricht: Wenn der Mensch sich seine eigene Würde bewußt macht und getreu den Werten zu leben versucht, die er in seinem Gewissen vorfindet, stößt er mit Notwendigkeit auf den Glauben. Denn Menschenwürde, moralische Werte und ethische Pflichten verlieren jede Verbindlichkeit, wenn keine letzte Instanz über der Welt ihre Gültigkeit garantiert.

Obwohl Hermes also die bloße Vernunft für nicht ausreichend hielt und einem inneren Gesetz im Menschen unterwarf, beschuldigte ihn die Partei der aufklärungsfeindlichen und absolut romtreuen Katholiken, den Offenbarungsglauben in einen kalten Rationalismus hinein aufzulösen. Zum Glück war er bereits tot, als der sämtlichen Freiheitsideen abholde Papst Gregor XVI. den „Hermesianismus" verurteilte – ohne genau zu erklären, was das eigentlich sei.

Als Kolping 1842 nach Bonn kam, galt die dortige Universität jedenfalls als Hort liberalen Unglaubens. Der zuständige Kölner Erzbischof Klemens August von Droste zu Vischering, menschenscheu, mißtrauisch und autoritär, machte den Bonner Professoren das Leben schwer, verbot den Theologiestudenten den Besuch ihrer Vorlesungen, erklärte Gegenveranstaltungen im Bischofspalais zur Pflicht, bis ihm das die Regierung untersagte, und verlangte von jedem Priesteramtskandidaten einen „Anti-Hermesianer-Eid". In diesem aufgeheizten Klima schlug sich Kolping völlig auf die Seite des Bischofs, machte sich zum Anführer der „antihermesianischen" Studenten, organisierte einen Fackelzug gegen die neumodischen Professoren und veröffentlichte seine ersten, ziemlich aggressiven Zeitungsartikel.

Am 20. März 1844 schloß er mit dem Bonner Examen endgültig sein Studium ab. Nach einem Jahr der praktischen Ausbildung im Kölner Priesterseminar erhielt er dort in der Minoritenkirche am 13. April 1845 die Priesterweihe; in der Nacht zuvor war sein Vater gestorben, wie ihm die Geschwister beim Einzug in die Kirche mitteilten. Kolping war fast 32 Jahre alt, als er seine erste Stelle als Kaplan und Religionslehrer antrat: in Elberfeld, heute ein Teil von Wuppertal.

Damit war sein Schicksal entschieden. Denn die beginnende industrielle Revolution zeigte damals in Elberfeld ihr ganzes faszinierendes und schreckliches Gesicht. In kaum einer deutschen Stadt trafen technische Höchstleistungen in den Fabriken und das nackte Elend in den Arbeiterwohnungen so brutal aufeinander. Hier, wo er es nie erwartet hatte, fand Kolping eine Heimat: bei den Opfern des Fortschritts.

2

Bekehrung: Der Kaplan Kolping verliebt sich in die Menschen

„Wer Menschen gewinnen will,
muß das Herz zum Pfande einsetzen."

1816 begann in Essen der Besitzer eines kleinen Eisenhammers, ein gewisser Friedrich Krupp, aus brüchigem Roheisen hochwertigen Gußstahl zu produzieren. Die Schmiedemeister an der Ruhr waren vorsichtig, aber Krupp gab für jedes Stück Garantie. Bahnbrechend wurde die schlichte Erfindung einer stählernen Walze, mit deren Hilfe sich am laufenden Band Löffel formen ließen. Bald lieferten die Krupp-Werke Schienen, Räder und Achsen für den Eisenbahnbau, Gewehrläufe und Kanonenrohre; 1887 beschäftigten sie bereits mehr als 20000 Arbeiter und Angestellte.

Die Geschichte der industriellen Revolution in Europa liest sich wie ein Märchen. Seit die Dampfmaschine Anfang des 19. Jahrhunderts die alten Energien – Muskelkraft von Mensch und Tier, Wind und Wasser – ersetzt und die Entwicklung der Eisenbahn ermöglicht hatte, explodierten Verkehr und Industrie, wuchs die britische Kohleproduktion zwischen 1815 und 1848 von 16 auf 50 Millionen Tonnen, entstanden überall riesige Fabrikhallen.

Leidtragende der Entwicklung waren die Handwerker, denn eine Dampfmaschine ersetzte zahlreiche Arbeitskräfte. Die alten Werkstätten hatten zwar meist schöner und solider gearbeitet, aber längst nicht so schnell. Viele

Handwerker konnten in die wie Pilze aus dem Boden schießenden Großfabriken wechseln, doch sie verarmten dabei, verloren Rechte und Entfaltungsmöglichkeiten. Früher hatte man bei einem Meister gelernt und in dessen Haus eine Heimat gefunden; die Lehrbuben und Gesellen aßen und schliefen dort, die Frau Meisterin vertrat Mutterstelle. Nun drängten sich die Industriearbeiter zu Dutzenden in den zugigen Fabrikhallen zusammen, um nach Arbeitsschluß irgendwohin in eine der tristen Mietskasernen zum Schlafen zu gehen. Immer mehr arbeitslos gewordene Handwerker und Landwirte strömten vom Land in die großen Städte, wo 1848 fast die Hälfte der Bevölkerung unter dem Existenzminimum lebte.

Kein Wunder, daß Handwerker und Arbeiter in der 48er Revolution den Löwenanteil der Barrikadenopfer stellten. Denn die Profite der wenigen bedeuteten das Elend der vielen. In den Kohlebergwerken sah man fünfjährige Kinder schwerbeladene Loren durch die engen Stollen schieben. Es gab zwölfjährige Invaliden mit verkrümmtem Rückgrat und kranker Lunge. Als 1839 in Preußen die Arbeit von Kindern unter neun Jahren verboten und bei Neun- bis Vierzehnjährigen auf zehn Stunden täglich begrenzt wurde, galt das als revolutionär; und auch diese Verordnung kam nur auf Druck der Militärs zustande, welche mit den körperlichen Wracks nichts anfangen konnten, die man ihnen da als Rekruten schickte.

Bettina von Arnim berichtet in einem 1853 erschienenen bitteren Zeitbild von einem Berliner Webergesellen, der nach siebzehnwöchiger Arbeitslosigkeit acht Taler Miete schuldig blieb, krank ins Hospital und – als er nach der Entlassung kein Obdach mehr hatte – mit seiner ganzen Familie ins Arbeitshaus gebracht wurde, wo er fünfzehn Wochen lang als Gefangener mit Schwerverbrechern zusammenhauste.

Solche Erfahrungen stehen hinter verzweifelten Gewaltausbrüchen wie dem schlesischen Weberaufstand

1844, als die arbeitslos gewordenen Heimweber und die mit Hungerlöhnen abgespeisten Fabrikarbeiter Maschinen zerstörten und Warenlager plünderten. Preußisches Militär trampelte den Protest nieder. Vier Jahre später ergriff in einer ganz anderen Ecke Deutschlands ein Publizist leidenschaftlich Partei für die unter der Konkurrenz der Fabriken ausgebluteten Färber und Weber: Die traditionsreichen mittleren Betriebe hätten im Wettbewerb gegenüber den „geld- und maschinenbewehrten Großherren" keine Chance. Immer hektischer werde produziert, am Ende mehr, als verbraucht werden könne.

„Wenn die gefertigten Waren wie Eisberge sich auf dem Lager häufen", dann treffe die Absatzflaute zunächst den Arbeiter, „setzt diesen außer Wirksamkeit und Brot, gibt ihn buchstäblich dem Elende preis, während der Fabrikant immer noch, ist sein Geschäft nicht auf papierne Unterlage gebaut, eine Weile zusehen kann, Zeit hat, andere Mittel und Wege aufzuspüren, seinen Vorrat loszuwerden, jedenfalls aber nicht weiter arbeiten läßt, als sein Vorteil es bedingt. Was aus den Leuten wird, die ihren Lebensfaden an seine Maschine geknüpft, steht diese still, mag er als Mensch bedauern, kann ihn als Geschäftsmann, in dessen Katechsimus nur Soll und Haben steht, nicht kümmern."

Die Forscher sind sich zwar noch nicht ganz sicher, aber es gibt starke Anhaltspunkte dafür, daß der Autor dieser im „Rheinischen Kirchenblatt" erschienenen Anklage der Elberfelder Kaplan Adolph Kolping gewesen ist.

Die Sklaven der industriellen Revolution

„An den Ufern der schwarzgalligen Wupper weilen keine Grazien und keine Musen", so trübsinnig hatte der frischgebackene Kaplan seinem Lehrer Döllinger den neuen Einsatzort geschildert. Plötzlich ging es nicht mehr um geistige Höhenflüge und die Vertiefung der persönlichen Beziehung zu Christus, sondern um Arbeitslöhne und Mieten, unterernährte Kinder und die Machtverteilung in der Gesellschaft. Es muß ein furchtbarer Schock für den idealistischen jungen Priester gewesen sein. „Die untere Schicht des Volkes ist schrecklich unwissend", schrieb er an Döllinger, „schrecklich verkommen, vernachlässigt an Leib und Seele, elend durch und durch, und wie groß ist sie nicht!"

Elberfeld hatte damals etwas über 40000 Einwohner, und in vielen Häusern hauste die Not, fehlten Brot und Milch für die Kinder und die Medikamente für die kaputtgeschufteten Frühinvaliden, suchten verzweifelte Familienväter einen trügerischen Trost in den zahllosen Branntweinschenken. Zeitgenössische Beobachter berichten von den üblen „Prellereien", die bei den Elberfelder Unternehmern gang und gäbe waren: Statt den Spinnern, Druckern und Färbern ihren Lohn bar auszuzahlen, zogen sie sich mit fehlerhaften Fabrikaten der eigenen Produktion aus der Affäre – zum Beispiel schadhafte Anzüge oder Tücher, die der so „beschenkte" Arbeiter dann oft vergeblich und unter hohem Zeitverlust zu verkaufen versuchte –, oder sie gaben ihnen Warengutscheine, für die oft nur angefaulte Kartoffeln, ranzige Butter und schlechtes Mehl zu bekommen waren. Und natürlich waren die findigen Fabrikanten an den armseligen Krämerläden beteiligt, in denen die Arbeiter ihre Scheine einzulösen hatten...

Gab es Absatzschwierigkeiten oder Auftragsflauten, so halbierte der Fabrikherr oft genug kurzerhand den Lohn – nicht ohne sich kräftig für seine humane Gesinnung feiern zu lassen, den armen Leuten in solch unsicheren Zeiten überhaupt Arbeit zu geben. 1849 verdiente ein Arbeiter in Elberfeld, wenn er großes Glück hatte, drei Taler wöchentlich. Fast ein Viertel dieser Summe ging für die Miete drauf, für den Rest konnte die oft acht- oder zehnköpfige Familie wenig mehr kaufen als ein halbes Pfund Fleisch pro Tag, wöchentlich ein halbes Pfund

Butter, drei Pfund Mehl, ein paar Brote, sechs „Becher" Kartoffeln, ein Dreiviertelpfund Kaffee, zwei Portionen Gemüse, ein wenig Reis und Milch und Seife und eine kleine Menge Kohlen. Ein Paar Kinderschuhe kostete knapp einen Taler, ebenso ein Männerhemd oder ein Bettlaken. Wenn aber eine Familie schon in guten Zeiten derart mit dem bißchen Verdienst knausern mußte, wie sollte sie dann bei plötzlich eintretender Teuerung existieren oder wenn der Hauptverdiener krank wurde, der in einem solchen Fall ja keinen Pfennig Lohn gezahlt bekam?

Für den lieben Gott, der sie in solch jammervollem Elend darben ließ, hatten viele Elberfelder natürlich ebensowenig übrig wie für die salbadernden Pastoren, über die sich Kolping in seinen Briefen an Döllinger mit scharfem Sarkasmus und einem ganz neuen Verständnis für die tatsächlichen Bedürfnisse der Leute äußerte:

„Die große Masse der Fabrikarbeiter schmachtet im Elend, wie ich es nur im Wuppertal kennengelernt. Die weiß kaum von Gott, kennt die Kirche nur dem Namen nach, häusliche Frömmigkeit ist selten, geistlicher Trost fehlt oder ist doch nur ein Wassertropfen auf heiße Steine. Für diesen Sklavenstand geschieht im ganzen gar nichts (...) Die Prediger predigen sonntags denen sie grade gefallen, die andern bleiben weg, predigen nur für eine Klasse, denen sie im Grunde ihre Stelle verdanken, von denen sie glauben verstanden zu werden. Die andern gehen leer aus. Die Prediger geben den Kindern Religionsunterricht, d. h. üben Bibelstellen ein, bis das Quantum memoriert ist; dann werden die Kinder ‚entlassen', wissen aber blutwenig, und die ärmern fast gar nichts (...) Kein Wunder, wenn kein rechtes Band den Prediger mit seiner Gemeinde, abgesehen von seinen Anhängern, verbindet."

Vor allem seine protestantischen Amtsbrüder mit ihrem „Predigerpathos" (Kolping) und ihrem unsensiblen Verhalten bei Krankenbesuchen hatten es ihm angetan:

Statt dem Todkranken Trost und Mut zu spenden, stürzten sie sich mit der bohrenden Frage auf ihn, ob er denn auch den Herrn Jesus habe. Und dann folgte meist ein Verdammungsurteil wie ein Hagelschauer und ein strenger Tadel an die Adresse der versammelten Familie. „Immer aber geht der Sermon so laut und polterig vom Stapel, daß man die Donnerworte durch's ganze Haus, wenn nicht durch die Nachbarschaft, hört. Viele Leute rufen deshalb die Prediger nicht und helfen sich, so gut sie können, selbst ins Himmelreich."

Kolping wollte es ganz anders machen als diese Racheengel und Phrasendrescher. Die Diasporasituation der Katholiken in Elberfeld – nur jeder fünfte war katholisch – konnte ihn nicht schrecken; im Gegenteil, er sah darin eine Möglichkeit, Profil zu gewinnen. Der junge Kaplan gab sich enorme Mühe mit seinen Predigten; vier bis fünf Tage brauchte er für die Erarbeitung einer solchen Ansprache, von denen 87 erhalten sind, die meisten bis ins Detail ausgetüftelt. Zu den Religionsstunden in Realschule und Gymnasium kam noch die sogenannte „Christenlehre", ein in der Kirche erteilter Katechismusunterricht für etliche hundert Kinder. Über seine unzählbaren Besuche in den Häusern, an den Krankenbetten hat er keine Statistik geführt. Natürlich tat es weh, die geliebten theologischen Bücher anzuschauen und keine Zeit zum Studieren zu haben; aber mit der Zeit lernte er dennoch glücklich zu sein, wie er Döllinger erläuterte: „Kann ich nach den Büchern nicht mehr sehen, so stehen die Menschen, die praktische Geschichte, desto leibhafter mir vor Augen und provozieren desto dringender zur Beobachtung und zum Studium..."

Ein katholisches Wochenblatt wollte er gründen, eine Vinzenzkonferenz – so nannte man damals die Laiengruppen, aus denen sich unsere organisierte Caritas entwickelte –, einen Piusverein zur Förderung der Frömmigkeit. Alle diese hektisch vorangetriebenen Pläne scheiterten zunächst – nicht zuletzt am Widerstand seines Pfarrers, mit dem er sich nicht verstand, weil er den Vorgesetzten für einen verkappten Liberalen hielt.

Das Leben lernt man nicht aus Büchern

Früher einmal habe er das Leben aus Büchern lernen wollen, wird Kolping später einigermaßen beschämt gestehen. „Hatte ich damals noch einen gar tiefen Respekt vor allen Büchern und meinte, aus ihnen heraus könnte ich alle Weisheit des Lebens schöpfen." Doch diese Ansicht hat man ihm gründlich ausgetrieben: „Gar viele Leute liefen um mich herum, die waren jedenfalls gescheiter als ich und lasen doch nicht so viele Bücher wie ich. Die wußten im Leben und in der Beurteilung tagtäglicher, oft sehr wichtiger Dinge viel besser Bescheid, trafen, wie man zu sagen pflegt, den Nagel viel eher auf den Kopf, als es mir trotz allen meinen Büchern gelingen wollte."

Vielleicht war diese Entzauberung seiner bisherigen Idole – der Büchermenschen und Gelehrten – ausschlaggebend für die große Wandlung im Leben des Adolph Kolping. Unmerklich bröckelten ihre Denkmäler, bis sie vom Sockel stürzten und ihre armseligen Motive offenbarten. „Wo ich jemanden sah, von dem man sagte, er sei gelehrt", so berichtet er aus seiner Kinderzeit, „da glaubte ich, einen Menschen von ganz außergewöhnlichen Eigenschaften und Vorzügen vor mir zu haben; ich beobachtete seine Äußerungen, jede seiner Bewegungen, und ich kann es nicht leugnen, ich empfand bald ein unwillkürliches Gefühl in mir, jenem nachzuahmen."

Doch je schärfer sein Blick wurde, desto klarer entdeckte er, was in Wirklichkeit hinter der glänzenden Fassade steckte: oft genug Geltungsdrang, die Sucht nach Applaus und Bewunderung oder schlicht der Wunsch, irgendein schönes Pöstchen zu erringen. Nicht um die Wahrheit gehe es den „neuen Aufklärern", wie er sie gern nannte, sondern darum, „dem Volke als ein schimmernder Stern voranzuleuchten und von ihm bewundert zu werden“. Man passe sich dem Zeitgeist an, dem Geschmack der Mehrheit, predige den Lebensgenuß und die Selbstzufriedenheit: „Welch ein Strich war diese Beobachtung in meiner Einbildung von gebildeten Menschen! Wie schrak ich auf vor diesem Irrtume, der mir auf einmal die Meinung zerriß und die magische Kraft, die ich im Besitz des Wissens wähnte.“

Statt dessen lernte er, beschämt und beglückt zugleich, zu begreifen, daß das bisher so verachtete Volk „gläubiger ist als seine Prediger“ und daß im Handwerkerstand „die reichste physische und moralische Kraft“ gespeichert sei, Treue und Aufrichtigkeit, „Zähigkeit des Charakters“ und „schlichter Hausmannsverstand“. Hier in Elberfeld bekehrte sich der unzufriedene Schäferssohn Adolph Kolping vom akademischen Gelehrten zum nüchternen, bodenständigen Praktiker, vom Möchtegern-Aufsteiger aus der „Volkshefe“ zum Bruder der an den Rand Gedrängten und um ihre Hoffnung Betrogenen. Hier fand er seinen Platz im Leben, wie er Professor Döllinger 1848 nach München berichtete:

„Während meines Aufenthaltes in München und später“, so gestand er dem alten Lehrer, „trug ich mich insgeheim mit dem Gedanken herum, mich wissenschaftlichen Studien zu widmen, gewisse Disziplinen sagten mir besonders zu, und doch fand ich nie Gelegenheit, diesen Wünschen nachzukommen. Die hiesige Praxis ließ vollends keine Hoffnung mehr aufkommen. Wie von selbst dagegen fand ich mich immer wieder unter dem Volke, aus dem mich Gottes Hand herausgeführt.“ Seit er in dem – mittlerweile gegründeten – Gesellenverein mit dem Volk verkehre, fährt Kolping fort, „ist die Lust an wissenschaftlichen Studien gewichen, glaube ich gar zu bemerken, daß ich dazu im Grunde sehr wenig geeignet bin; dagegen aber finde ich mich in einer solchen Volksprofessur ganz in meinem Elemente. Ich glaube, es dürfte vielen so ergehen, wenn die Praxis sie erst über sich selbst aufklärte."

In der Tat hatte Kolping von einer wissenschaftlichen Karriere geträumt und noch in Elberfeld ganz realistisch geplant, Seelsorge und theologische Forschung zu verbinden, um später vielleicht einmal einen Lehrauftrag übernehmen zu können. Er sammelte eifrig Material für eine Arbeit über den sogenannten „unauslöschlichen Charakter" der Sakramente. Doch 1857 zog er in einem Brief an Döllinger ganz ohne Groll Bilanz: „Mich selbst hat der liebe Gott andere Wege gewiesen, und ich habe sehr große Ursache, sehr dankbar zu sein, daß der Schuster bei seinem Leisten bleiben muß."

Der Gelehrtenlaufbahn trauerte er überhaupt nicht nach, und die sogenannten Gebildeten betrachtete er längst mit Augen, die nicht mehr neidisch waren, sondern mitleidig: Bildung im Sinne des Mitredenkönnens sei doch meist nur ein „glänzender Firnis", der Oberflächlichkeit, Verkommenheit und blanke Unwissenheit in den Dingen bedecke, auf die es wirklich ankomme. Die übliche seichte Konversation über gerade in Mode befindliche Themen war ihm bloß „ein langes, breites und langweiliges Gewäsch, von dem die vornehmen Leute die erschrecklich langweiligen Gesichter herhaben". Kolping verstand unter Bildung etwas völlig anderes als die Kunst, diplomatisch zu lügen, höflich zu heucheln und mit ein wenig Faktenwissen über Politik und Technik oder ein paar Zitaten aus Presse und Literatur zu beeindrucken. Für ihn hatte Bildung tatsächlich etwas mit Menschlichkeit und Aufklärung zu tun, mit reifer Güte und der Fähigkeit, Hilflose aufzurichten.

Mit den haßerfüllten Revolutionären gegen die Gesellschaft wollte Kolping zeitlebens nichts gemein haben; aber der Sarkasmus, mit dem er die geistige Hohlheit und das verlogene Fassadenchristentum des Bürgertums entlarvte, hätte einem wütenden Anarchisten alle Ehre gemacht. Äußerer Glanz und Staat, verfeinerte Genüsse und glatte Umgangsformen, das Zusammenraffen von Besitz und das begierige Einsammeln von Ehrenbezeigungen machten weiß Gott noch keine Bildung aus. Die „Modeaffen", die in der Kirche nur das „dumme Herumgaffen" nach wichtigen Leuten im Sinn hätten, konnte er ebensowenig ausstehen wie jene hochnäsigen Elternpaare, die aus ihren Kindern „Zierpüppchen" zum „Paradieren" machten: „Was die für schöne, zierliche Höschen tragen, Stiefelchen, Röckchen mit Bändern und Schnüren und Schleifen, gekräuselte Haare, Federhüte darauf, daß man sollte eine Glasglocke darüberstülpen, wie weiland über Jungfer Zimperlieschen."

Nein, dieses „butterweiche sogenannte Christentum" mit seinem Verzicht auf echte Anforderungen und seinem je nach Geschmack zusammengedachten Herrgott sei völlig zu Recht zum Spott ehrlicher Menschen geworden. Kolpings leidenschaftliche Generalabrechnung mit dieser bürgerlichen Religion trifft heute, nach eineinhalb Jahrhunderten, noch genauso ins Schwarze, und es könnte gewiß nichts schaden, sie in goldenen Lettern an die Eingangstüren christlicher Bildungshäuser, Zeitungsredaktionen und Fraktionszimmer zu hämmern:

„Ja, es gibt noch immer viele Leute, die euch aufs bündigste dartun können, daß ohne Religion kein Volk könne in Ordnung gehalten werden, daß ohne Religion alles in der menschlichen Gesellschaft drunter und drüber gehen müsse, die für religiöse Volkserziehung, für religiöse Armenpflege, für barmherzige Schwestern und Brüder den Mund dickvoll nehmen und denen es im Notfall auch nicht darauf ankommt, für solche Zwecke ein paar Taler zu blechen, die selbst aber sich Gott, Kirche, Predigt und Sakrament weit genug vom Leibe halten und an nichts weniger denken, als eben auch selbst Gott die Ehre zu geben (...) Nein, wenn sie nur mit aller Ruhe ihr Profitchen machen, ihr Schläfchen halten, ihr Pläsierchen ausschlürfen können und vor der nächsten Zukunft, solange nämlich ihr liebes Dasein dauert, nicht zu erschrecken brauchen, ist alles gut und wohlgetan. Die Religion ist diesen Leuten – für andere Leute – ganz recht; denn sie versieht ganz vortreffliche Feld-, Wald- und Nachtwächterdienste. Ich sage: Solange nicht dieses gotteslästerliche Volk von seiner gefährlichen Torheit zurückkommt, sind wir noch lange nicht über den Berg. Ja, ich halte diese vielverbreitete Fünfsinnen-Weisheit für geradeso gefährlich als irgendeine Lehre eines Gottesleugners, wenn nicht noch ein wenig gefährlicher."

Im einst verachteten einfachen Volk aber stieß Kolping auf eine ungeahnte Glaubenskraft und menschliche Reife. Tief beeindruckt beobachtete er, wie sich die armen Handwerker gegenseitig aushalfen und wie sie gar nicht so selten gegen alle Widerstände an ihrer gläubigen Überzeugung festhielten. „Der Handwerksstand", erklärte er in seiner Programmschrift von 1849, „endlich der Arbeiterstand überhaupt ist im Grunde besser, als man gewöhnlich glaubt, und der Zugang zu seinem Herzen leichter als anderwärts." So ein Geselle oder Arbeiter fasse das Leben vielleicht „etwas derb" an, die gute Anlage sei möglicherweise ein wenig „verwildert" und die inneren Kräfte rieben sich unter den sich kreuzenden Interessen der Umgebung leicht an Hindernissen auf, aber im Grunde seien diese Leute tüchtig und gesund. „Ich verzweifle an keinem Menschen", pflegte er später zu sagen, „im Volke liegt unendlich mehr, als wir in unserer Selbstsucht ahnen." Und noch in seinem Todesjahr legte er das liebevolle Bekenntnis ab, unter den Handwerkern habe er die besten und treuesten Herzen gefunden.

Vom Handwerkerchor zum Gesellenverein

Wie alle wirklich großen Projekte in der Geschichte ist auch das Kolpingwerk nicht von einem besonders klugen Kopf am Schreibtisch ersonnen worden, sondern aus dem

Leben herausgewachsen, aus den Sehnsüchten und den Bedürfnissen vieler ganz normaler Leute. Einer von ihnen war der Elberfelder Hauptlehrer Johann Gregor Breuer, dessen Hobby anscheinend die Gründung sozial orientierter katholischer Vereine war. Er hob einen Mädchenverein und die katholische Bürgergesellschaft „Parlament" aus der Taufe, war an der Errichtung eines Krankenhauses und eines Kinderheims beteiligt und gab das „Wuppertaler Kirchenblatt" heraus. Und zu diesen ganz normalen Leuten gehörten auch die unternehmungslustigen jungen Handwerker, die in der Werkstatt des Schreinermeisters Thiel fromme Lieder einstudierten, um die alljährliche Elberfelder Laurentiusprozession zu verschönern – und so nebenbei vorzuführen, wie selbstbewußt der Gesellenstand auftreten konnte.

Als die tatendurstigen jungen Leute und der voller Ideen steckende, knapp 25jährige Lehrer Breuer zusammentrafen, war der „Gesellenverein" praktisch geboren. Denn Breuer gab dem Handwerkerchor ein perfekt ausgearbeitetes Statut und den schönen Namen „Katholischer Jünglingsverein zu Elberfeld". Das war am 6. November 1846. Breuer träumte von Vereinen, „die da weiter bauen, wo Pfarrer und Lehrer aufhörten", und stellte der Elberfelder Gründung die Aufgabe, vor allem den Handwerkergesellen und Lehrlingen zweimal pro Woche „durch Vortrag und passende Lektüre Belehrung, Erbauung, Fortbildung und anständige, angenehme Unterhaltung zu verschaffen". Aus dem Verein sollten „frömmere Christen" hervorgehen und „treuere Untertanen", tauglicher für das bürgerliche Leben und eifriger am kirchlichen Leben teilnehmend.

Der Kaplan Kolping – die jungen Leute hatten ihn gebeten, ihnen eine Fahne zu beschaffen, damit sie in der Laurentius-Prozession auch ganz bestimmt niemand übersehen konnte – war neidlos begeistert. „Da haben Sie ein Ding gemacht, daran habe ich all mein Lebtag gefreit", sagte er zu seinem Schulkollegen. Trotzdem ist es historisch fair, daß es heute keinen „Breuer-Verein", sondern ein Kolpingwerk gibt. Denn Kolping hat das Elberfelder Pflänzchen mit seinem organisatorischen Talent zu einer weltweiten Bewegung gemacht. Er hat die weltanschaulichen Grundlagen und Zielvorstellungen formuliert, die den Verband bis heute prägen, und während der im Produzieren von Ideen so emsige Breuer erst spät den Mut hatte, an die breite Öffentlichkeit zu gehen, machte Kolping den Verein mit zahllosen Reden, Zeitschriftenaufsätzen und Broschüren bald in ganz Deutschland bekannt. Kolpings eigene hautnahe Erfahrung des Gesellenschicksals, die Besessenheit von seiner Lebensaufgabe, sein Organisationstalent und die sture Zähigkeit eines rheinischen Schäfers, der es nie eilig hat – all das hat wohl zusammengewirkt, um aus der fantastischen lokalen Initiative des Lehrers Breuer „die erste große geglückte katholische Sozialinitiative" werden zu lassen – ein Kompliment, das der Frankfurter Jesuit und Kirchenhistoriker Klaus Schatz dem „Gesellenvater" macht.

„Zweck des Vereines", so steht es in der von Breuer entworfenen und von Kolping überarbeiteten ersten Satzung, „ist die Unterhaltung und Fortbildung katholischer Jünglinge durch Vortrag, Gesang, Lesen und gegenseitige Besprechung, jeden Sonn- und Festtag von 5–½ 10 Uhr, und montags von 6–½ 10 Uhr." Von den Mitgliedern – denen man zusätzlich jeden Sonntag einen besonderen Schreib- und Rechenunterricht anbot – wurde außerdem erwartet, daß sie an Sonn- und Festtagen dem Gottesdienst „gemeinsam beiwohnen und durch die eingeübten Gesänge die Feier erhöhen". Später wurde die Zielsetzung des Vereins ausgeweitet; im Statut waren nun als Vereinszweck genannt „Fortbildung und Unterhaltung der erwachsenen katholischen Jünglinge zur Anregung und Pflege eines kräftigen religiösen und bürgerlichen Sinnes".

Breuers und Kolpings Verein ist nicht vom Himmel gefallen. Beide haben von vorhandenen protestantischen

Vereinen gelernt, ohne deren Fehler zu wiederholen: Die hoffnungsvollen Ansätze, die etwa der Zuchthausprediger Theophil Passavant 1832 in Basel mit seinem „Verein für Sonntagssäle für Arbeiter, Lehrlinge und Knaben" oder der Bremer reformierte Prediger Mallet 1834 mit einem „Verein für Jünglinge" (1838 wurde ein Ableger in Elberfeld gegründet) geliefert hatten, entarteten leider schon bald zu bloßen Bewahranstalten. Aber auch von den frommen Bruderschaften setzte sich Kolping deutlich ab: „Die Bruderschaft ist vorherrschend religiös, der Gesellenverein vorherrschend sozial", stellte er klar und versicherte gleichzeitig, daß sich beide Einrichtungen vortrefflich ergänzten und eine Doppelmitgliedschaft durchaus möglich sei.

Die jungen Handwerker trafen sich sonntags und montags abends in jener Elberfelder Mädchenschule, an der Breuer unterrichtete. Dort gab es Bücher und Zeitungen, Gelegenheit zum Plaudern und Pfeifenrauchen, freilich auch anspruchsvolle Vorträge über religiöse Themen, Lesungen aus guten Büchern, Informationen über praktische Fragen. 1848 hat Kolping den Lesern des „Rheinischen Kirchenblatts" das Vereinsleben geschildert, und es hat den Anschein, als ob er noch einmal in die distanzierte Überheblichkeit von einst zurückfiele:

„Zumeist wird das praktische Christentum in der Kirche und zu Hause im Auge behalten", schreibt er, „auch wohl Rücksicht auf örtliche Verhältnisse genommen, indes nur selten und dann nur schützend und abwehrend. Das Volk hat nicht den Beruf, die Polemik zu führen. Diese Unterhaltung dauert bis gegen 8 Uhr. Die übrige Zeit kann sich jeder in seiner Weise beschäftigen. Montags abends wird gegen 9 Uhr ein Vortrag über weltliche Dinge gehalten – Politik ist ausgeschlossen, es wird ohnehin genug gekannegießert –, wird geredet über Dinge, die ins bürgerliche, praktische Leben hineingehören und geeignet sind, den jungen Mann an seinen irdischen Beruf zu mahnen, ihn zu einem ehrenhaften, tüchtigen

Mitgliede der menschlichen Gesellschaft zu erziehen. Da ist Gelegenheit, über alles das zu sprechen, was wir in der Welt beklagen und gerne gebessert sähen, Mittel werden aufgesucht, wie es könne gebessert werden, unerschöpflich ist der Stoff, wenn man nur ins wirkliche Leben hineinsehen will und für sein Gutes und Böses ein offenes Auge behalten. Auch werden passende Volksschriften vorgelesen und, wenn's nötig ist, kommentiert. Heiterkeit und Scherz gehört da zum Ernst und zu Bedächtigkeit wie im praktischen Leben froher Sinn bei fleißiger Arbeit." Wer freilich die allgegenwärtige Zensur jener Zeit kennt, die alles „Politische" bei Vereinen und Privatleuten unerbittlich verfolgte, wird hier zwischen den Zeilen zu lesen versuchen.

Rührende Rechnungen sind aus diesen Anfangsjahren des „Junggesellen-Vereins" erhalten, etwa jene vom November 1846, die „für 4 Schreibbücher und 4 Sammelbüchelchens" 16 Silbergroschen notiert und noch einmal drei Silbergroschen für einen Bogen Titelpapier und ein Sandfäßchen. Am 30. April 1849 waren fünf Silbergroschen „fürs Reparieren der Fahnenspitze" zu zahlen und 1849 gleich 27 Silbergroschen an den Buchbinder für „150 broschierte Liederkränzche". Zum Glück waren da gerade vom Jungfrauen-Verein, an den man das „Vereinslokal" zwischendurch vermietet hatte, drei Taler und zehn Silbergroschen „für verbrauchten Gas" eingegangen.

Der „Junggesellenverein" überstand die schrecklichen Hungersnöte der Jahre 1846/48; Mißernten und die tückische „Kartoffelkrankheit" hatten die Preise für Brot und Gemüse hochgetrieben und eine allgemeine Wirtschaftskrise ausgelöst. Zu Hunderten wurden die Webstühle stillgelegt. In Elberfeld waren bald mehrere tausend Familien ohne Arbeit und Brot, Weber und Färber gingen betteln, die Zahl der „Gemeindearmen" vermehrte sich im Handumdrehen auf das Dreifache. „Ich erinnere mich in meinem Leben nicht, solche Jammergestalten in solcher Menge gesehen zu haben, wie sie mir hier täglich begegnen", bekannte Kolping im „Rheinischen Kirchenblatt" und gab ohne Umschweife dem Profitdenken der Industriellen die Hauptschuld an der Misere: Für die Fabrikarbeiter gebe es nicht die geringste Vorsorge für Notzeiten.

Mitten in dieser trostlosen Epoche wählten die Elberfelder Gesellen im Juni 1847 den Kaplan Kolping als Nachfolger von Kaplan Johann Josef Steenaerts zu ihrem Präses – allerdings nur mit 48 von 88 Stimmen, was entweder auf die Bescheidenheit des lieber hinter den Kulissen agierenden Kolping oder auf starke Widerstände im Verein schließen läßt. Mit seinen im nächsten Jahr im „Rheinischen Kirchenblatt" publizierten ausführlichen Informationsartikeln und mit der ebenfalls 1848 gedruckten Broschüre „Der Gesellenverein" wurde Kolping jedenfalls sehr bald zum öffentlichkeitswirksamen Propagandisten der Vereinsidee.

Das Broschürchen trug den mahnenden Untertitel „Zur Beherzigung für alle, die es mit dem wahren Volkswohl gut meinen", kostete fünf Silbergroschen und wandte sich vor allem an die Geistlichkeit. In einer Zeit, in der weltanschauliche Kämpfe weniger in dickleibigen Büchern und in der Tagespresse ausgetragen wurden, sondern vorwiegend mit solchen Broschüren, konnte so ein bescheidenes Schriftchen durchaus mit gespannter Aufmerksamkeit rechnen. Zumal der Autor offenbar nicht weise Ratschläge aus der Studierstube gab, sondern das Elend, das er anprangerte, am eigenen Leib erfahren hatte: Er habe selbst „tief in den Abgrund gesehen", versicherte Adolph Kolping seinen Lesern.

Streuner und Lumpenproletarier

Warum eigentlich hat sich dieser weitsichtige Sozialpionier, dessen Schriften und Ideen anfangs immer der ganzen „arbeitenden Klasse" galten, in seiner praktischen

Arbeit so auf die Handwerksgesellen beschränkt? Warum nannte sich der kleine Elberfelder Chor seit 1848 konsequent „Gesellenverein"?

Abgesehen davon, daß die Übergänge zwischen Handwerkern und Fabrikarbeitern damals ziemlich unklar waren – die Zünfte waren in einem rapiden Niedergang begriffen, alles drängte in die Industrie –: Kolping hatte sicher recht, wenn er das Handwerk als Basis und zugleich als Zentrum des kleinen und mittleren Bürgertums ansah, als „breite, feste Unterlage des Volkes". Wer hier den Hebel ansetzte, konnte mit der größtmöglichen gesellschaftlichen Breitenwirkung rechnen. Das Schicksal des Bürgertums sei mit dem des Handwerkerstandes untrennbar verknüpft, „denn aus ihm rekrutiert sich ebenmäßig der höhere Bürgerstand wie das verkommene Proletariat". Klar, in den Gesellen von heute sah er die Meister oder die Lumpenproletarier von morgen; wer sich der Gesellen annahm, der baute an einer besseren Zukunft.

Moderne historische Forschungen bestätigen Kolpings Scharfblick: Nicht die Fabrikarbeiter, sondern die Unterschicht des Handwerks, die Gesellen also, seien im Deutschland vor 1848 „die radikalste Schicht des Proletariats" (Klaus Schatz) gewesen, sozial entwurzelt, ohne realistische Zukunftschancen und zu allem bereit, um aus ihrer trostlosen Situation herauszukommen. Es war schon die Rede davon, daß am Anfang der politisch wirksamen Arbeiterbewegung in Deutschland Handwerksburschen wie der Schneidergeselle Wilhelm Weitling standen; den historischen Gothaer Vereinigungsparteitag von 1875, der als Geburtsstunde der Sozialdemokratie gilt, leitete der ehemalige Lohgerbergeselle Wilhelm Hasenclever. Die „Straubinger", wie man die wandernden Handwerksburschen nannte, sangen auf ihren Zusammenkünften patriotische Freiheitslieder, träumten von einem Kommunismus, der naiver, vielleicht aber auch realistischer gedacht war als der hochwissenschaftliche von Marx und Engels, und traten der Überheblichkeit der akademischen Revolutionäre selbstbewußt entgegen:

„Und spotte nur kein Bücherwicht
Etwa der Scher und Nadel!
's ist völlig gleich, womit man sticht,
Ersticht man nur den Adel."

So grimmig meldeten sich die Schneider im „Lied der vereinten Handwerker" (1835 gedruckt) zu Wort.

Eine Idylle war das Leben der Handwerksgesellen längst nicht mehr – wenn man bei einem vierzehnstündigen Arbeitstag und den Strapazen der endlosen Landstraßenwanderungen überhaupt je von Idylle hatte reden wollen. Die Konkurrenz der billigen Industrieprodukte trieb zahllose Werkstätten in den Ruin; die noch verbliebenen lieferten sich einem mörderischen Wettbewerb um die knapp gewordene Kundschaft. Die traditionelle Zunftordnung, die mit ihren etwas sturen und altväterischen, aber gewiß humanen Regeln solche Auswüchse hätte verhindern können, gab es ja nicht mehr. Profitdenken und – im kleinen Maßstab – Mechanisierung hielten jetzt auch in den Handwerksbetrieben Einzug.

Der Geselle, der bisher wie ein Sohn im Haushalt des Meisters mitgelebt hatte, streng beaufsichtigt und zugleich oft liebevoll bemuttert, wurde zur bloßen Arbeitskraft degradiert – ein Rädchen im Getriebe wie seine Kollegen in der Fabrik. Der Funktionsverlust des alten Handwerkerhauses, der Zerfall vertrauter Bindungen und Sicherheiten machte viele Gesellen zu heimatlosen Streunern. Zu Hause waren sie auf der Straße, frühe Punks des 19. Jahrhunderts, und als Zufluchtsort blieben ihnen nur Wirtshäuser und Herbergen von zweifelhaftem Ruf.

Natürlich jammerten die guten Bürger ausgiebig über die Liederlichkeit der trinkfesten, aber sonst so saft- und kraftlosen Burschen. Kolping weigerte sich, in die allgemeine Entrüstung einzustimmen. Statt dessen verlangte er Verständnis für die grünen Jungen, die meist ohne nennenswerte Schulbildung und gründliche häusliche Erziehung „als ein loser Haufe von Individuen in die Städte geworfen" worden seien: „Weich und unerfahren werden die meisten aus ihrem elterlichen Boden gerissen und in Umstände versetzt, die ihnen zu fremd sind, als daß sie sich über sie erheben, zu mächtig, als daß sie sich ihrer erwehren können." Als dienender Knecht des Meisters und seiner Gesellen lerne der Lehrling „meist wenig, was das Handwerk betrifft, aber um so mehr, was geeignet ist, seine Jugend und sein Leben zu vergiften".

Dann werde der unausgereifte, schlecht ausgebildete junge Mensch als Geselle auf die Wanderschaft geschickt, in eine trügerische Freiheit entlassen, ohne Hilfe, Stütze und Halt, sich selbst und falschen Freunden, Streunern und Lumpen, überlassen: „Er hört, wie der räsonieren und schwadronieren kann", malt Kolping einmal so eine Begegnung aus, „und denkt: Tausend, wärst du doch auch einmal ein solcher Kerl! Der schreit, was er alles gelernt und was für heillose Streiche er schon gemacht hätte. Und jener schämt sich, daß er noch gar so grün in die Welt sieht; und in das erste beste Wirtshaus geht er mit ihm hinein (...) Und er zahlt die Zeche nicht nur aus seinem ledernen Beutelchen, sondern noch mehr, er bleibt bei den fremden Handwerksburschen so lange, bis er von all dem Guten, was er von Vater und Mutter hat, kaum mehr eine Silbe kann."

Hat Kolping da nicht im Eifer des Gefechts ein wenig übertrieben, wenn er von den Herbergen sagt, es gebe keine Liederlichkeit, die dort nicht ihren „Lehrstuhl" finde, und er kenne Herbergswirte, „die machen dem leibhaftigen Teufel Komplimente"? Ist er nicht gar zu streng mit den Handwerksburschen gewesen, wenn er ihnen vorwirft, „zechend und spielend" in den Wirtshäusern herumzuliegen und am blauen Montag das letzte sauer verdiente Geld zum Fenster hinauszuwerfen? Kaum, denn über verwahrloste Gesellen, Dreck und Nepp in den Herbergen klagen auch andere Autoren. Auch Kolpings Kreuzzüge gegen die dort herrschende Sittenlosigkeit und das in den Kaschemmen verbreitete gottlose Gedankengut sind wohl nicht einfach fromme Dramatisierung. Ein aggressiver Atheismus war Realität; Gesellen, die ihren Glauben bekannten und damit in ihrer Werkstätte aneckten, mußten es erleben, daß man ihnen das Kruzifix mit Stiefeln zertrat oder daß sie brutal vermöbelt wurden, weil sie am Sonntagmorgen in die Kirche gehen wollten.

Und man darf nicht vergessen, daß Adolph Kolping bei aller drastischen Schilderung solcher Auswüchse immer darum warb, die Gründe zu bedenken, warum manche Handwerksburschen so heruntergekommen seien: „Du solltest einmal den Fußtritten dieses armen, verkommenen Schluckers nachspüren", schrieb er 1850 im Vereinsorgan, „solltest seiner letzten Nachtherberge nachfragen, und wie er auf die Wanderung gekommen und was er nicht bis dahin ausgestanden und was die junge Freiheit, der er sich zu erfreuen scheint, aus *ihm* gemacht, nicht was er aus der Freiheit gemacht – du wirst einen dornenvollen, wilden Lebenspfad finden, auf dem verderbliche Genossen ihn begleiteten, weil, weil – er endlich keine besseren hatte, einen anderen Weg nicht zur Zeit erkannte, weil die unsinnige Freiheit über ihn Herr ward und ihn verdarb, weil – er sich selbst überlassen blieb, wo er der Obsorge mehr wie je im Leben bedurfte. (...) Allerdings, er trägt seine Mitschuld, aber ich weiß doch nicht, ob du vielleicht unter ähnlichen Umständen nicht ihm gleich geworden."

Gesellenhäuser als Heimat für die Entwurzelten

Kolpings Diagnose der trostlosen Verhältnisse entsprach sein Therapievorschlag: Statt der kalten Beziehungslosigkeit der profitorientierten Arbeitsverhältnisse eine lebendige Gemeinschaft. Statt der Einsamkeit in den Mietskasernen und der zwielichtigen Verbrüderung in den Spelunken eine echte Heimat. Man mußte Treffpunkte schaffen, wo die Handwerksburschen unter sich sein und sich wohl fühlen konnten.

Etwas pathetisch, aber einleuchtend ist das Ziel 1850 im Statut von Kolpings Rheinisch-Westfälischem Gesellenbund formuliert: „Dem Gesellen soll in dem Vereine eine Art Heimat bereitet werden, ein Familienhaus soll ihn aufnehmen, worin er Ausbildung, Schutz und Pflege findet; dies aber nicht bloß an einem Ort, sondern überall, wohin sein wandernder Sinn ihn führt und neue Arbeitslust ihn festhält. Überall sollen gleichgesinnte Brüder sich seiner annehmen, überall dieselbe liebende Sorge um ihn wandeln, die er am früheren Ort zurückgelassen."

Hier finden wir das ursprüngliche Modell des Gesellenhauses – Treffpunkt für die ortsanssässigen jungen Handwerker, Zentrum für Unterhaltung, berufliche Weiterbildung, weltanschauliche und lebenspraktische Information – bereits ausgeweitet: Hospitien, Herbergen für die auf der Walz befindlichen Gesellen überall im Land. „Wir müssen an die Stelle der schlechten bessere Herbergen setzen", formulierte Kolping schlicht, wohl wissend, „daß das Gründen seine aparten Schwierigkeiten hat".

Aber seine Vision ging von Anfang an weit über einen Freizeitclub in Konkurrenz zum Wirtshaus hinaus: Die Gesellenhäuser sollten die Menschen verwandeln, verschüttete Anlagen freisetzen, jahrelange erzieherische Defizite ausbügeln, versprengten, haltlosen Stromern eine Lebenschance eröffnen. Kolpings Zielvorgabe: „Ihr völlig zerrüttetes, fast in seine Elemente zerfetztes gesellschaftliches Leben aufs neue organisieren, Gelegenheit schaffen, gut zu bleiben und gut zu werden, Nützliches zu lernen, mit Geld, Zeit und Kraft haushälterisch zu Werke zu gehen." Etwas hochgestochen ausgedrückt, könnte man sagen: ein Gegenmodell zur Umwelt ohne letzten Lebenssinn, ohne Christus.

Als „familienhafte Gemeinschaft" konzipierte der Kaplan Kolping den Verein und als „Vaterhaus in der Fremde" die Gesellenhäuser. Der Verein sollte die verlorene Anbindung an die Familie des Meisters ersetzen. Ein Vorstand aus „achtbaren Bürgern", so Kolpings Kalkül, würde die Solidität des Unternehmens garantieren – an der Spitze ein Geistlicher, der Präses, als „lebendiges Glaubensbekenntnis". Dieser Präses habe sich aber auch um das „soziale, bürgerliche, gesellschaftliche" Leben zu kümmern, schärfte Kolping seinen Mitbrüdern ein. „Daß er sich bis zur Erde bücken soll, um aufzuheben, was nur die Hand nach Hilfe ausstreckt, bedarf keiner Erörterung mehr." Dazu dürfe er freilich das Volk nicht bloß von der „amtlichen" Seite kennen – gar nicht so einfach, wo sich doch manche Priester „dem Volke zu sehr entzogen, wenn nicht entfremdet" hätten...

Eine „Lebensschule" sollte der Verein sein, eine Schule, die tüchtige Leute produziere: *„Tüchtige Bürger sollen sie werden"*, so wünschte er es sich in seiner Programm-Broschüre, *„zu tüchtigen Bürgern muß man sie erziehen.* Ein tüchtiger Bürger muß ein *tüchtiger Christ* und ein *tüchtiger Geschäftsmann* sein, nun, dann muß man der betreffenden Jugend wenigstens insoweit zur Hand gehen, daß sie beides werden kann." Kolping verlangte von seinen jungen Freunden, Selbstkontrolle zu lernen, ehrlich und treu gegen jedermann zu sein, stets gerade Wege zu gehen und ohne Not von niemandem schlecht zu denken – freilich auch nur erprobten Leuten zu vertrauen.

Ernst, Umsicht, Sparsamkeit, Ordnung könne man

freilich „nicht einkaufen wie Rohstoffe fürs Geschäft", sie müßten mühsam erworben werden. Statt in Selbstmitleid zu zerfließen, sollten die Burschen deshalb kräftig zupacken und soviel berufliche Tüchtigkeit erwerben, um sich selbst aus dem sozialen Schlamassel herausziehen zu können. Kolping: „Wir wollen frische, fröhliche junge Leute, die noch den Mut der Hoffnung in sich tragen, aus sich etwas zu machen in der Welt."

Das erinnert auf den ersten Blick verdächtig an den amerikanischen Mythos, wonach es jeder Tellerwäscher problemlos zum Präsidenten bringen kann, wenn er sich nur anstrengt. Doch dazu war Kolping viel zu sehr Realist. Er hatte nur etwas gegen Leute, die immerfort nach Förderprogrammen und staatlichen Hilfen rufen, statt auch einmal zu überlegen, was man denn selber tun könne, um sich zu qualifizieren. Er kannte den Bildungshunger vieler Gesellen und wollte seine Freunde ermuntern, ihnen entsprechende Angebote in Allgemeinbildung und fachlicher Weiterbildung zu machen; in jener Zeit war das eine seltene Pionierleistung. Es ist wohl nicht übertrieben, wenn man die ersten Gesellenhäuser mit ihren Schulungen in Rechnen, Deutsch, Geschäftskorrespondenz, Buchführung und Kurzschrift, mit ihren Lehrwerkstätten und ihren Vorbereitungskursen auf die Meisterprüfung zu den Wegbereitern der Volkshochschulen und überhaupt der Erwachsenenbildung auf breiter Basis zählt.

Dabei hatte Kolping seine alte Abneigung gegen das bloße Ansammeln von Wissen und gegen das hohle Bildungsgeplätscher des Bürgertums beibehalten. *„Ist Wissen auch schon Bildung?"* fragte er. „Man kann ungeheuer viel wissen und ein grundschlechtes Möbel im Haushalt Gottes sein; man kann sehr, fast unmenschlich gelehrt sein und zugleich eine wahre menschliche Fratze, ein lebendiger Hohn auf das ewige Urbild, auf Gott. Also, Wissen an sich ist gut, aber, ich möchte sagen, nur die notwendige Vorbereitung zur Bildung..."

Um Herzensbildung und Verhaltenstraining ging es ihm, nicht um das Zusammenraffen toter Tatsachen. Da werde dann der Mensch zu einer ordentlich zusammengesetzten Maschine und das Gedächtnis zu einer Tabelle, hatte er schon als Schüler befürchtet. Das Wissen müsse Bezug zum Leben haben und die Erziehung, als ein lebenslanger Prozeß verstanden, Impulse für die praktische Bewältigung dieses Lebens bieten: „*Erziehung ist Leben* und setzt Leben voraus; das Leben selbst aber schreibt man in kein Buch und kann man nicht in Formeln fassen..."

Das Programm: Veränderung durch Erziehung

Kolping wollte mit seinen Gesellenhäusern freilich weit mehr anbieten als einen Nachhilfeunterricht für bisher unzureichend geförderte junge Leute. Er setzte sich auch klar von den rein karitativen Projekten seiner Zeit ab; engagierte katholische Laien gründeten damals vielerorts Caritas-Kreise, Suppenküchen für die Armen, Vereine für die Pflege der Cholera-Kranken. Neue Ordensgemeinschaften entstanden wie die „Armen Schwestern" der Franziska Schervier in Aachen, die bewußt unabhängige Sozialarbeit ohne Hilfe vom Staat leisten wollten.

Der Kaplan Kolping hatte sich dagegen von Anfang an die leise, aber nachhaltige Veränderung der Gesellschaft zum Ziel gesetzt. Er wollte allerdings nicht bei den Machtverhältnissen und Strukturen ansetzen, sondern beim einzelnen, bei seinem Bewußtsein und Verhalten. Auch wenn er „die Gesellen" ansprach, wandte er sich nicht an eine Klasse, sondern an den Einzelmenschen – von dem er freilich verlangte, sich aktiv, mit Leidenschaft und Verstand an der Gestaltung der gesellschaftlichen Verhältnisse zu beteiligen.

Der Realist Kolping bildete sich nicht ein, die Welt mit einem Verein umkrempeln zu können. Man könne schließlich keinen Gesellen mit Gewalt von der Sonntagsarbeit oder vom Wirtshaustisch wegholen, wenn er das nicht selbst wolle. Nur das sei möglich: das vorhandene Gute zu bewahren und den Willen zum Besseren zu stärken. Der Zusammenschluß Gleichgesinnter verzehnfache aber ihre Kraft. Kolping: „Indem wir das Gute sammeln und stärken, schaffen wir ihm eine, wenn auch vorderhand noch so geringe Macht."

Mit fremden Weltbildern und konkurrierenden sozialen Ideen hat sich der „Gesellenvater" nur am Rande auseinandergesetzt. In seinen Zeitungsartikeln bekämpfte er zwar sämtliche revolutionären Bestrebungen wie den Leibhaftigen persönlich, aber er hielt sich in der Regel nicht lange damit auf, nach Motiven und geistigen Grundlagen zu forschen. Meist mußte der Hinweis genügen, der Gegner sei nur an materiellen Verbesserungen interessiert und wolle die kranken Zustände ohne Religion heilen. Dann hielt Kolping jede Zusammenarbeit für unmöglich, mochten die anderen auch noch so humane Beweggründe haben.

Als seine Hauptgegner betrachtete er die Liberalen; sie waren ihm einfach zu wachsweich und unverbindlich: „Um Himmels willen nicht zuviel glauben und bekennen." Er beschuldigte sie, hohle Phrasen zu dreschen, ihr Mäntelchen nach dem Wind zu hängen, und nahm ihnen besonders übel, daß sie zwar jedem Querkopf alle Freiheiten ließen, aber der katholischen Kirche ihre Entfaltungsmöglichkeiten zu beschneiden suchten.

Skeptisch stand er genossenschaftlichen Ansätzen zur Lösung der sozialen Probleme gegenüber, wie sie etwa der Wirtschaftspolitiker Hermann Schulze-Delitzsch vertrat: Seine Handwerker-Assoziationen, seine Vorschuß- und Konsumvereine, mit denen sich der Handwerker- und Arbeiterstand selbst auf die Beine helfen solle, seien zwar eine schöne Sache, aber eben wieder getragen vom weltanschaulich neutralen Liberalismus, und da konnte und wollte Kolping nicht mitmachen.

Kritisch äußerte er sich über sozialistische Ideen, die er unter die „geistigen Fledermäuse" einreihte, obwohl er eigentlich nur die Richtung von Ferdinand Lassalle kannte und dessen „Produktivgenossenschaften" – die Arbeiter sollten ihre eigenen Unternehmer sein und der Unternehmensgewinn sollte in ihre Taschen fließen – im katholischen Lager zunächst viele Sympathien fanden. Der Marxismus blieb fast ganz außen vor, obwohl Marx, als Kolping 1849 nach Köln übersiedelte, dort aktiv war. Kommunistische Vorstellungen kannte der „Gesellenvater" lediglich in der etwas verworrenen, vormarxistischen Gestalt des sogenannten „Handwerksburschenkommunismus", der aus Frankreich und der Schweiz nach Deutschland gekommen war und von einer kommunistischen Republik träumte. In dem ganzen äußerst umfangreichen schriftlichen Nachlaß Kolpings findet sich Marx ein einziges Mal erwähnt, und auch da nur indirekt und ohne Namensnennung: 1852 wetterte Kolping in München gegen die „Verführer", die im Londoner Exil das „den Verführten abgelogene" Geld verprassen „und auf Teufelspläne sinnen".

Geistig trennten ihn natürlich Welten von Marx. Dieser hielt die Materie für die einzige Wirklichkeit, die Gesellschaft sah er von den Produktionsverhältnissen bestimmt und den Menschen lediglich als Produkt der gesellschaftlichen Verhältnisse und Funktionsträger einer Klasse. Für Kolping dagegen hingen die sozialen Zustände vom Bewußtsein ab, er glaubte an die Kraft von Ideen und an den Menschen als individuelles Ebenbild Gottes.

Dieses Geschenk Gottes auszuformen, darin sah Kolping die Aufgabe der Pädagogik: „Der Ochs selber weiß nicht, daß er eben ein Ochs ist", schrieb er in den „Rheinischen Volksblättern", „er hat's nicht nötig zu wissen und wird doch ein perfekter Ochs. Dafür sorgt Gott durch die Natur. Beim Menschen ist's eben anders. Er soll und muß wissen, was er ist, damit er werden könne, was er sein soll.“ Schlußfolgerung: „Das Bild und Gleichnis Gottes im Menschen soll durch Bildung weitergeführt, schärfer und bestimmter ausgeprägt, ja bis zu jener Vollendung emporgehoben werden, die das Bild dem Urbild gegenüber nur erreichen kann.“

Das lasse sich nicht unter der Glasglocke bewerkstelligen und schon gar nicht mit dem Stock, weil sich Autorität nicht erzwingen und erschleichen lasse: „Wer Menschen gewinnen will, muß das Herz zum Pfande einsetzen“, fordert er in einem seiner meistzitierten Sätze; „die Autorität wurzelt in der Liebe.“

Kraftvoller Glaube statt süßer Phrasen

„Ohne ein tüchtiges Christentum kein kräftiger Halt im Leben“, so hieß Kolpings eisernes Credo, das er bei jeder Gelegenheit wiederholte: „Das Christentum ist die eigentlich gesunde Kraft im Leben; wo es mangelt, ist das Leben krank.“ Und darum schärfte er seinen Gesellen schon in Elberfeld ein: „Deshalb wollt Ihr Euch in Eurem Glauben mehr und mehr unterrichten lassen, und in der Tat, je mehr man ihn kennenlernt, um so lieber übt man ihn.“ Die religiöse Fortbildung war von Anfang an im Vereinsstatut verankert. Schulung im Glauben – aber nicht, um Katechismuswissen einzudrillen, sondern als Einladung, Christus zu lieben und glücklich zu sein. Denn ohne die wärmende Nähe Gottes, so betonte Kolping immer wieder, könne keine Menschenseele leben.

Ein Seelenfänger also, der mit seinen Freizeit- und Bildungsangeboten auf raffinierte Weise Nachwuchs für das katholische Lager ködern wollte? Wäre Kolping das wirklich gewesen, so hätte er wohl mehr auf Modetrends gesetzt, sich den Wünschen der jungen Leute stärker angepaßt – statt sie mit religiösen Vorträgen zu strapazieren – und vor allem nicht immer wieder die Freiheit seiner Ansprechpartner unterstrichen: Mit Recht verlangten sie, daß man sie nicht wie Schulkinder behandle, sondern wie freie Männer, bekräftigt er in seiner Programmbroschüre. Man müsse Zutrauen in ihren Charakter setzen und sie in der Ausübung des einmal erkannten Guten frei gewähren lassen.

Kolping ging so weit, mit der Mitgliedschaft im Gesellenverein keine besonderen kirchlichen Pflichten zu verbinden; er wollte den jungen Leuten eine Perspektive anbieten, ihnen die Schönheit des Glaubens zeigen, nicht sie in die Kirche hineinzwingen. Wenn sich so ein skeptischer Geselle aber überzeugen ließ, so sollte er eine „recht männliche" Religion entwickeln, „keine sentimentale, bloß maulfertige Betschwesterreligion, sondern so eine, die in all seinem Tun und Lassen Fleisch und Blut angenommen hat".

1855, als er das Münchner Gesellenhaus einweihte, kritisierte er den frommen Schmäh in aller Schärfe: „Ich bin auch Geselle gewesen. Und mit den Sachen, mit denen man uns abgefüttert hat, mit den Sachen kommt man durch keine Not, an der Versuchung nicht vorüber. Mit den süßen Phrasen von Menschlichkeit und Humanismus, damit lockt ihr keinen Hund hinterm Ofen weg, wenn es gilt. Jetzt kommt es darauf an, für Gott einzustehen." Gesellschaftliche Wirklichkeit müsse das Christentum werden, das praktische Leben verändernd – „denn das Elend ist nur da, weil die Menschen nicht bessere Christen sind".

Christen werden sie aber im Normalfall in der gewinnenden Atmosphäre einer gläubigen Familie. Sie sei das Kostbarste im Leben, und ohne das schützende Familienklima blieben alle Predigten und erzieherischen Bemühungen letztlich fruchtlos. „Die Rettung des Menschengeschlechtes fängt bei der Familie an", hämmerte Kolping seinen Zuhörern und Lesern wieder und wieder ein, nicht in Volksversammlungen und öffentlichen Debatten, nicht in Hörsälen und Zeitungsspalten, sondern zu Hause in der Familie. „Zerbrecht euch die Köpfe über die beste Staatsmaschine, wie ihr wollt; ersinnt Gesetze, welche in ihrer klugen Berechnung das ganze Altertum beschämen: Solange nicht das Familienleben der übrigen Gesellschaft Würde und Halt gibt, solange nicht ein tüchtiges Familienleben eine tüchtige bürgerliche Gesinnung und Tugend erzeugt und erzieht, den Geist erweckt, in dem eure Gesetze erst Leben empfangen – wenn sie übrigens lebensfähig sind –, werdet ihr Wasser in ein Sieb tragen."

Solche Äußerungen sind heute natürlich ideologieverdächtig. Die Art und Weise, wie Kolping die bürgerliche Familie zur nicht mehr hinterfragbaren „göttlichen Stiftung" verklärte und ein zeitbedingtes Modell von Partnerschaft („Die Frau soll des Mannes Gehilfin sein") zum Naturgesetz hochstilisierte, läßt sich nicht mehr ohne weiteres nachvollziehen. Doch ist der Gedanke so verkehrt, daß aus dem partnerschaftlichen Miteinander von Menschen, aus dem zwischen Menschen geschaffenen Vertrauen die ganze Gesellschaft wieder gesund werden soll?

Zumal Kolping mit seiner Lieblingsidee sehr konkrete sozialpolitische Vorstellungen verknüpfte (ein gerechter Lohn zum Beispiel würde die Frauenarbeit überflüssig machen und die Familien stabilisieren) und die Familie keineswegs als Insel glücklicher Idylle verstand. Er sah sie nämlich nicht nur als Trainingsfeld für das soziale Zusammenleben im größeren Rahmen, sondern überhaupt in die umgebende Gesellschaft eingebettet und sie prägend. „Wenn (...) der ganze Baum trauert und verwelkt, dann taugt's in der Wurzel nicht. Die Wurzel der Menschheit aber ist die Familie."

Widerstände im eigenen Lager

Man möchte meinen, das ganze katholische Deutschland hätte diesen Mann und seine zukunftsträchtige Idee wie ein Geschenk des Himmels begrüßt. Und in der Tat scharten sich bald treue Freunde um den über Hartnäkkigkeit und Charisma verfügenden Priester. Doch das behäbige christliche Bürgertum und auch die kirchliche Obrigkeit reagierten keineswegs immer begeistert auf derart neuartige Gedanken.

Kolping hatte für jeden Gesellenverein einen geistlichen Leiter vorgesehen, den Präses, sozusagen als Seriositätsgarantie; doch gerade das nahm man ihm übel. Schickte es sich denn für einen hochwürdigen Herrn, dauernd mit Handwerksburschen zusammenzusitzen? Gehörte so ein fleischgewordenes Tugendvorbild nicht auf die Kanzel und in die Studierstube? Sollten die jungen Geistlichen in Zukunft mit Schneidern und Bäckern Karten spielen und ausgelassene Lieder grölen? Noch 1860 gab man auf dem Prager Katholikentag in hilfloser Verwirrung zu bedenken, solche Vereine seien im Kirchenrecht überhaupt nicht vorgesehen.

Entsetzt waren manche kleinkarierte Glaubensbrüder auch darüber, daß der katholische Gesellenverein protestantische Mitglieder aufnahm! Kolping hatte ihm geraten, er solle Angehörige anderer Konfessionen, „die sich vertrauensvoll ihm angeschlossen, zu allem zulassen, was der Verein bietet, ohne auch nur im mindesten zu kränken und zu beleidigen". An dieser Pioniertat ändert es auch nichts, daß Kolping später einem Briefpartner aus einer konfessionell stark gemischten Stadt riet, „um des Friedens am Orte willen" keine Protestanten in den Gesellenverein aufzunehmen; das scheint eine situationsbezogene Ausnahme gewesen zu sein.

Immer wieder dieselben ängstlichen Vorbehalte und mißtrauischen Widerstände, ganz abgesehen von den eigenen Zweifeln: Hatte er sich nicht etwas Unmögliches vorgenommen? Überschätzte er nicht die eigenen Kräfte und das Durchhaltevermögen der blutjungen Burschen? Und dann auch noch die Bespitzelung durch die preußischen Behörden, die in jedem Zusammenschluß von Handwerkern gleich Revolution und Anarchie witterten. Im übrigen hatten die Herren von der politischen Zensur eine feine Nase, denn tatsächlich lag ein Aufruhr in der Luft, der halb Europa durcheinanderwirbeln sollte – ohne freilich viel an den gesellschaftlichen Machtverhältnissen zu ändern.

Der Dichter Viktor von Scheffel verband 1848 in einer satirischen Zeitschrift die Namen zweier deutscher Spießbürgertypen, Biedermann und Bummelmeier, zu einem Signalwort: Der Begriff „Biedermeier" war geboren, Markenzeichen für häusliches Glück und friedliche Familienidylle.

Doch die Fassade täuschte: Im selben Schicksalsjahr 1848 erschien in London das „Kommunistische Manifest" mit der Aufforderung, das Bürgertum zu vernichten, erhoben sich in Palermo die Menschen gegen die Mißwirtschaft des Bourbonenkönigs von Neapel-Sizilien, jagten die Pariser ihren Louis Philippe davon und errichteten die Zweite Republik. Fleisch und Brot waren immer teurer geworden, Handwerker und Heimarbeiter fanden keine Arbeit mehr, sogar die Fabrikanten und Bankiers stellten demokratische Forderungen.

Hunger und Erwerbslosigkeit auch in Deutschland: Von den katastrophalen Mißernten 1846/47 und den in die Höhe geschnellten Brot- und Kartoffelpreisen war bereits die Rede und auch von den zahllosen stillgelegten Webstühlen und mehreren tausend ins Elend abgerutschten Familien in der Elberfelder Gegend. Überall stiegen jetzt die verzweifelten Menschen auf die Barrikaden, im Rheinland, in Bayern, in Berlin und Wien. Der verschlafene „deutsche Michel" erhob sich, um anständige Löhne, Arbeit und Menschenrechte zu fordern und die nationale Einheit noch dazu.

In Wiesbaden verlangten wütende Bauern die Einschränkung der Pachtzinsen und die Aufteilung der herrschaftlichen Güter. In München stürmte das Volk das Innenministerium, Barrikaden aus umgestürzten Bierwagen und Bierfässern stoppten die zu Hilfe eilenden königlichen Kürassiere. In Berlin überbrachte eine Delegation aus Köln liberale Forderungen und drohte mit dem Abfall des Rheinlandes; der kluge König Friedrich Wilhelm IV. schickte nach wilden Straßenkämpfen seine Truppen nach Hause – nicht ohne sie mit der schwarz-rot-goldenen Kokarde der Aufständischen auszurüsten. Der Preußenkönig blieb am Ruder – im Gegensatz zu seinem bayerischen Kollegen, der im Herzen liberaler war, aber nicht so diplomatisch im Umgang mit der Öffentlichkeit.

Am 18. Mai 1848 zogen 350 Volksvertreter in die Frankfurter Paulskirche ein: gemäßigte bürgerliche Liberale die meisten, viele Professoren, Rechtsanwälte, Beamte, Lehrer, auch Geistliche – obwohl die Kirchen Distanz wahrten. Es war das erste freigewählte deutsche Parlament, und die Hoffnungen aller Demokraten ruhten auf ihm. Aber die Delegierten waren politisch völlig unerfahren, unfähig zur praktischen Verwirklichung ihrer edlen Ziele. Die Verhandlungen schleppten sich dahin. Die Demokraten wurden müde; und als die Fürsten in den Einzelstaaten die Parlamente mit Militäreinsatz auflösten und Aufstände blutig niederschlugen, war die Entfremdung zwischen den Frankfurter Parlamentariern und den radikalen Barrikadenkämpfern draußen im Land perfekt. Ein Jahr, nachdem sie zusammengetreten war, verschwand die Nationalversammlung fast unbemerkt aus der deutschen Geschichte.

Unruhen unter Arbeitern und Handwerkern, Barrikaden und Straßenkämpfe hatte es auch in Elberfeld gegeben. Breuers Verein war es offenbar gelungen, die Konfrontation ohne Vertrauensverlust zu überstehen. Er blühte auf, zählte nach wenigen Monaten bereits über hundert Mitglieder, denen das Zusammensein unter dem zuerst so beargwöhnten frommen Vorzeichen ganz offensichtlich großen Spaß machte. Es war schon so, wie Kolping später nicht ohne Stolz zu sagen pflegte: „Wer einmal bei uns warmgeworden ist, der verliert die Hitze nie mehr!"

„In diesen Vereinen herrschte (...) gegen Andersgläubige volle Toleranz", hielt ein schriftstellerisch begabter wandernder Handwerksbursche damals respektvoll fest. „Es wurden zeitweilig Vorträge gehalten und Unterricht in verschiedenen Fächern erteilt, so zum Beispiel im Französischen. Die Vereine waren also eine Art Bildungsvereine; wie diese Gesellenvereine später sich gestaltet haben, darüber vermag ich nichts zu sagen. In dem Vereinszimmer fand man eine Anzahl allerdings nur katholischer Zeitungen, aus denen man aber doch erfahren konnte, was in der Welt vorging. Das war für mich, der schon am Ende der Schuljahre und nachher in den Lehrjahren, als der Krimkrieg entbrannt war, sich lebhaft um Politik bekümmerte, eine Hauptsache.

Auch das Bedürfnis nach Umgang mit gleichaltrigen und strebsamen jungen Leuten fand hier seine Befriedigung. Ein eigenartiges Element im Verein waren die Kapläne, die, jung und lebenslustig, froh waren, daß sie gleichaltrigen Elementen sich anschließen konnten. Ich habe einige Male mit solchen jungen Kaplänen die vergnügtesten Abende verlebt. (...) Verließ das Gesellenmitglied den Ort, so bekam es ein Wanderbuch mit, das ihn in den Gesellenvereinen und bei den Pfarrherren, falls es bei diesen um Unterstützung vorsprechen wollte, legitimierte. Ich bin noch heute Besitzer eines solchen Buches, in dem auf der ersten Seite der heilige Josef mit dem Christkindlein auf dem Arme abgebildet ist. Der heilige Josef ist der Schutzpatron der Gesellenvereine. Den Gründer der Vereine, Pfarrer Kolping, damals in Köln, der, irre ich nicht, selbst in seiner Jugend Schuhmachergeselle war, lernte ich in Freiburg im Breisgau kennen, woselbst er eines Tages einen Vortrag hielt."

Der dem Gesellenverein eine so gute Erinnerung bewahrt hat, ist der Drechslergeselle August Bebel, Mitbegründer der deutschen Sozialdemokratie.

Als er Kolping begegnete, war dieser schon nach Köln gewechselt. Zum einen schien sein Verein dort besonders nötig, denn Köln war bei den Gesellen im ganzen Land verrufen: Mehr als 2500 Handwerksmeister traten sich dort gegenseitig auf die Füße; entsprechend karg waren Lohn und Verpflegung. Zum andern mußte Kolping weg von Elberfeld, wenn er seine Idee weiterverbreiten wollte, und da bot sich natürlich die verkehrsgünstig gelegene Rheinmetropole an. Am 1. April 1849 trat der 36jährige eine schlechtbezahlte Stelle als Domvikar bei dem ihm wohlgesonnenen Kölner Erzbischof Johannes von Geissel an. Dort hatte er den Dompfarrer in der Seelsorge und beim Predigen zu unterstützen. Typisch für Kolping die sanfte Erpressung und das fast aufdringlich wirkende Gottvertrauen, womit er die gewünschte Anstellung erreichte: Der gutmütige Erzbischof biß auf seine wiederholten Bewerbungen nicht an und begründete das völlig zu Recht damit, daß der Propagandist und Organisator des Gesellenvereins in der großen Domstadt über Geld verfügen müsse, die ersehnte Vikarsstelle aber ausgesprochen ärmlich dotiert sei. Darauf Kolping: „Ich werde auskommen mit Gottes Hilfe, und wenn ich nichts mehr habe, komme ich zu Ihnen!" Was ließ sich gegen ein derart entwaffnendes Argument schon sagen?

Schon drei Wochen nach Antritt der Domvikarsstelle kam es zu der eingangs geschilderten ersten Zusammenkunft mit Kölner Gesellen. Daß sich deren Interesse zunächst so in Grenzen hielt, kann nicht bloß an der Konkurrenzveranstaltung mit Karl Marx gelegen haben. Ein Pfarrer war damals für junge Handwerker wohl nicht gerade sehr attraktiv – glaubte man doch nicht ganz zu Unrecht, die „Pfaffen" hielten es mit den reichen Fabrikherren und hätten für die Probleme und Träume der ärmeren Schichten nicht viel übrig. Es ist überliefert, daß Kolpings erste Vereinsmitglieder in den Werkstätten hämisch „Rosenkranzstreicher" und „Betbrüder" tituliert wurden und – unter trinkfreudigen rheinischen Handwerksburschen eine besondere Schmach – „Wasserbrüder".

Wir wissen freilich bereits, wie souverän der Gesellenpfarrer solche Widerstände – und wohl auch die eigenen nagenden Zweifel – überwand. Ein halbes Jahr nach der Gründung hatte der Kölner Verein 550 Mitglieder. Weil alle Lokalitäten schon bald zu klein geworden waren, kaufte Kolping ein geräumiges Haus mit großem Garten an der „Breiten Straße" – für 14200 Gulden. Kapital hatte er zwar keines, aber Phantasie und Ausdauer beim Betteln; fast jede Woche schrieb er für die Vereinsbeilage des „Rheinischen Kirchenblatts" einen entsprechenden Artikel. Mehr Ärger als die problematische Finanzierung bereitete ihm die städtische Schulkommission mit ihren lächerlichen Auflagen. Als handle es sich um einen Kindergarten, tat der polizeiliche Schulkommissar Böcker feierlich kund:

„Dem ehrwürdigen Domvikar Adolf Kolping ist auf Beschwernis hin geziemend mitzuteilen, daß die von ihm unterrichteten Erwachsenen das laute Singen im Schulraum zu unterlassen haben, widrigenfalls die gewährte Erlaubnis mitsamt ihrer Vergünstigung annulliert wird."

Alle paar Wochen flatterte dem armen Gesellenpfarrer so ein albernes Schriftstück auf den Tisch. Man ermahnte ihn, den Schulraum gebührend zu durchlüften: „Es darf aber kein Zugwind sein, damit die teuren Fenster nicht demoliert werden." Und man verlangte von ihm, „die Handwerksgesellen anzuhalten, ihre Bedürfnisse nur auf dem großen Abtritt zu verrichten". Besonderen Wert legte die sittenstrenge Behörde auf die Vorschrift: „Auch dürfen erwachsene Mädchen nicht mit auf den Schulhof genommen werden."

Da wird sich der Herr polizeiliche Schulkommissar aber wichtig vorgekommen sein! Kolping dürfte wohl nur entnervt den Kopf geschüttelt haben. Er hatte andere Sorgen: Er lief sich die Hacken ab, um Geld für sein Gesellenhaus zusammenzubringen und bettelarmen Burschen, die er an seinem eigenen Tisch zu verköstigen pflegte, Obdach und Lehrstelle zu verschaffen. In den rheinischen Städten von Düsseldorf bis Aachen, von Essen, Krefeld, Gladbach bis Koblenz und Trier entstanden Ableger der Kölner Gründung; schon im Herbst 1850 schlossen sich die Vereine von Elberfeld, Köln und Düsseldorf zum „Rheinischen Gesellenbund" (ab 1851 „Katholischer Gesellenverein") zusammen.

In Köln organisierte der rastlose Kolping eine Krankenkasse für die Vereinsmitglieder und einen Krankenpflegedienst für die einzelnen Stadtviertel. Später kam eine Vereinssparkasse dazu, in der viele Gesellen ihr Geld zu günstigen Zinssätzen anlegten; als junge Meister konnten sie dann oft genug ein Häuschen erwerben. Auch Konsumvereine gehörten zum schier unerschöpflichen Ensemble von Kolpings Gründungen; die einzelnen Mitglieder machten Einlagen, und davon wurden vorteilhafte Großeinkäufe von Waren getätigt, die alle brauchten. Dem Schuldenmachen werde so vorgebeugt, meinte Kolpings Mitarbeiter Vosen, und man brauche sich nicht mit schlechter Ware zu begnügen wie leider oft genug beim Einkauf kleiner Mengen für Pfennigbeträge: „Man braucht sich nicht mehr durchzulumpen."

In der Schweiz gibt es so eine Kolpingkrankenkasse (mit rund 10000 Mitgliedern, die mitversicherten Angehörigen nicht gerechnet) und eine Bürgschaftsgenossenschaft für Vereinsmitglieder noch heute. Kolping lag mit solchen Projekten damals übrigens quer zum herrschenden Trend im katholischen Lager, das aus lauter Angst vor staatlicher Bevormundung aller organisierten „Wohlfahrt“ mißtraute: Als der katholische Zentrumsabgeordnete August Reichensperger 1854 im preußischen Abgeordnetenhaus für Notfall-Unterstützungskassen warb, die durch Beiträge von Arbeitnehmern und Arbeitgebern zu finanzieren seien, hielt sein Aachener Kollege Lingens eine leidenschaftliche Rede dagegen: „Die „kalte Hand des Gesetzes“ solle um Himmelswillen nicht vorschnell die Möglichkeit einer christlichen Verständigung zwischen Arbeitern und Fabrikanten zunichte machen!

Was der kleine Kölner Domvikar in diesen Jahren praktisch allein an Organisations- und Aufbauarbeit leistete, würde man heute vermutlich einem mittelgroßen Managerstab übergeben. Zusätzlich zu den Seelsorgepflichten an der Kathedrale und zur Tätigkeit im Kölner Gesellenverein führte er eine riesige Korrespondenz, unternahm ausgedehnte Reisen, um neue Vereine zu gründen, und leistete im Einmannbetrieb eine publizistische Arbeit, mit der heute wiederum mehrere Redaktionen gut ausgelastet wären.

Wie sagte er doch so gern, der Ruhelose, der durch das Leben hastete, als habe er immer schon um seinen frühen Tod gewußt? „Worte und Empfindungen sind gut, aber sie wiegen die Taten nicht auf!“

3

Kampf: Der erfolgreichste katholische Publizist seiner Zeit wirbt für die „wahre Aufklärung“

„Daß die Religion die einzige Richtschnur ist, wonach die Grundsätze zu ordnen sind, das will der superklugen Welt nicht einfallen.“
„Man muß jeden erkennen, zu welcher Fahne er gehört, wes Geistes Kind er ist.“

Unter guten Katholiken galt die Presse damals als Teufelswerk. Noch 1867 empfahl der brave bayerische Feldkurat Joseph Lukas – immerhin selbst ein produktiver Artikelschreiber – in einer vielbeachteten Streitschrift, das Zeitunglesen im Beichtstuhl als Sünde zu behandeln. Kunststück, die einflußreichen Blätter waren alle liberal und im Umgang mit kirchlichen Positionen entsprechend bissig.

Vereinzelte Versuche, der kirchenfeindlichen Presse christlich orientierte Blätter entgegenzustellen, waren an regierungsamtlichen Repressalien gescheitert beziehungsweise an den mangelnden journalistischen und wirtschaftlichen Qualitäten der „Macher“, aber auch am fehlenden Publikumsinteresse eingegangen. Da kam dieser Tausendsassa aus Köln daher und stampfte mit viel Gespür für Marktlücken und Leserbedürfnisse die ersten wirklich erfolgreichen katholischen Presseerzeugnisse in Preußen aus dem Boden! Seine schlichte Begründung: „Mit dem Schweigen kommt man heutzutage nicht weit (...) Wir müssen reden, um zum Ziel zu kommen.“ Es werde immer schwerer, sich in all den konkurrierenden

Weltanschauungen zurechtzufinden. Wer aber die Lehre beherrsche, bestimme auch das Leben, und die öffentliche Lehre stelle eben die Presse dar. „Begriffe besetzen", würde man heute zu dieser Strategie sagen.

Bekanntlich hatte Kolping schon in Elberfeld – vergeblich – von einer Wochenschrift geträumt, die den schönen Namen „Sonntags-Glocke" tragen sollte. In Köln begann er 1850, noch inkognito, den „Katholischen Volkskalender" herauszugeben. Gleichzeitig redigierte er – die ersten Monate noch mit Dr. Vosen zusammen – das „Rheinische Kirchenblatt" mit speziellen Beilagen für den Gesellenverein. Neben frommen Betrachtungen und Berichten aus dem kirchlichen Leben standen bereits durchaus brisante soziale Stellungnahmen, was aus der nervösen Reaktion der Behörden deutlich wird: Im Herbst 1850 wurde die Druckerei für vier Wochen geschlossen und der Verlag gerichtlich zu 50 Talern Geldbuße und einer Kaution von 1500 Talern verurteilt, weil das Blatt seine „Grenzen überschritten" und sich „mit politischen und sozialen Fragen beschäftigt" habe.

1854 gründete Adolph Kolping die „Rheinischen Volksblätter für Haus, Familie und Handwerk", die jeden Samstag mit 16 Seiten Umfang und in einer Auflage von bald mehr als 6000 Stück erschienen (die damals auflagenstärkste deutsche Tageszeitung, die „Kölnische Zeitung", brachte es auch bloß auf 15000). Vielen städtischen Kleinbürgern, vor allem aber den Leuten auf dem Land, ersetzte Kolpings Blatt die Tageszeitung. Den Gesellenpfarrer aber, der als Verleger, Herausgeber, Redakteur und Werbeleiter fungierte und zwölf Jahre lang fast die Hälfte der Artikel selbst schrieb, kostete es oft genug den letzten Nerv. „Sie glauben nicht, wie mich bisweilen die Müdigkeit befällt", schrieb er der schon zitierten guten Freundin, „ich könnte die Feder wenigstens auf 6 Wochen in den Winkel schmeißen."

Ein „wirklicher Hausfreund" wollten die „Volksblätter" ihren Beziehern sein, billig, wahrhaftig, aufklärerisch im guten Sinn (Kolping: „Man muß dem Volke die Wahrheit sagen“), „betont katholisch“, „konservativ“, familienfreundlich und besonders an den Problemen des Handwerks interessiert. „Oft wollen sie unterhalten“, versprach Kolping, „immer belehren, weniger predigen, nie schimpfen.“ Von den Tagesereignissen sollten die Leser zwar erfahren, doch nicht von hochgelehrten Professoren, „sondern von Leuten, die stets unter dem Volke herumlaufen und aus eigener Erfahrung wissen, wo der Schuh drückt“.

Vor allem jene Nachrichten wollte Kolping bringen, die von den großen liberalen Blättern unterschlagen wurden. Natürlich trat der Alleinredakteur, der zur Rücksicht auf die stets wachsame Zensur verurteilt war und sich selbst Verzicht auf „unnötiges Raisonnement“ verordnet hatte, dabei immer wieder einmal ins politische Fettnäpfchen. „Die Blätter“, stellte er trotzig fest, „sind nicht dazu da, die Leute in den Schlaf zu lullen, sondern, wo's nur angeht, rechtschaffen aufzurütteln.“ Schließlich sollte die katholische Stimme in den turbulenten geistigen Auseinandersetzungen der Zeit nicht fehlen. So fanden die Leser neben rührenden Mütterschicksalen und Klosteridyllen („Die gelben Herzchen und die Nönnchen“) geharnischte Abrechnungen mit der italienischen Einigungsbewegung – die es auf den Kirchenstaat abgesehen hatte –, detaillierte Berichte über den Krimkrieg, eine leidenschaftliche Parteinahme für die indischen Rebellen gegen die englische Kolonialherrschaft, Reportagen über technische Neuerungen und geschickt in Szene gesetzte Gespräche zwischen „Herrn Freikopf“ und einem sehr papsttreuen Geistlichen über die neueste Enzyklika aus Rom.

Kolping konnte sich über eine erhebliche Auflagensteigerung als Reaktion auf die wachsende Politisierung freuen und selbstbewußt den ersten publizistischen Erfolg im katholischen Raum für sich beanspruchen: „Das Beste ist, mir glauben die Leute eher als der Kölner Zeitung", konstatierte er schadenfroh mit Blick auf die großmächtige liberale Konkurrenz. Weniger erfreut war der Kölner Regierungspräsident Eduard von Möller, der die katholischen Vereine nicht ausstehen konnte und Kolping nach argwöhnischer Lektüre eines Jahrgangs der „Volksblätter" böse abkanzelte: Seine Zeitung sei nicht patriotisch (in der Tat dachte und schrieb der Katholik Kolping „großdeutsch", das heißt, ein Deutschland unter Einbezug von Österreich war ihm lieber als die kleindeutsche Lösung unter preußisch-protestantischer Führung), und überhaupt erinnere sie ihn an eine volkstümliche Ausgabe der „Deutschen Volkshalle". Was eine unverhohlene Drohung darstellte: Die „Volkshalle" war an den harten Zensurmaßnahmen wegen Vertretung „preußenfeindlicher Interessen" eingegangen.

„Dr. Fliederstrauch" und der Volksschriftsteller Kolping

Kolping war freilich nicht der Mann, der sich von solchen dezenten Hinweisen einschüchtern ließ. Er verpackte seine politische Botschaft und Sozialkritik allenfalls behutsamer in Geschichten und Anekdoten – wie in seinen alljährlich herausgegebenen „Volkskalendern"; siebzehn hat er insgesamt redigiert.

Solche Kalender gibt es seit dem 15. Jahrhundert. Auf dem Land, wo es außer dem Gebetbuch sonst oft nichts zu lesen gab, erfüllten sie mit ihren Terminangaben, Märkteverzeichnissen, Erzählungen und Betrachtungen eine wichtige Funktion. Von einem volkserzieherischen Ideal geleitet, wollte Kolping seinen Lesern „gesunde, brauchbare Hausmannskost" bieten: tränenselige Liebesgeschichten, Berichte über aufsehenerregende Kriminalfälle auf dem Land (natürlich mit dick aufgetragener moralischer Nutzanwendung), Erzählungen von tapferen, genügsamen Armen und ungläubigen, hartherzigen Städtern, von Übermut und Raffgier in den verdienten Konkurs getrieben, Hinweise auf Jahrmärkte und Messen, Inserate für moralisch unbedenkliche Romane und „Goldbergers Rheumatismus-Ketten"...

Die bunte Mischung kam beim Publikum unwahrscheinlich gut an. Der „Kalendermann" Kolping avancierte zum berühmten Volksschriftsteller, dem sogar Literaturhistoriker die Fähigkeit bescheinigten, schlicht und gemütvoll ohne Plattheiten und Sentimentalitäten erzählen zu können. Noch Kolpings Nachfolger im Amt des Generalpräses ist es mehrmals passiert, daß ihn „sehr gebildete Leute" fragten, wo denn der Doktor Fliederstrauch in Köln wohne. Den Doktor hatte Kolping erfunden, um seine Ideen und Argumente in einen lebendigen Dialog gießen zu können!

In der Ich-Form trug der „Kalendermann" diesem klassischen Typ des guten alten Hausarztes, bedächtig, geradlinig, schalkhaft und praktisch veranlagt, alle möglichen modischen Ansichten und Wertungen vor, die dann durch den kenntnisreichen Herrn Fliederstrauch selbstverständlich glänzend widerlegt wurden. Da redet der Doktor zum Beispiel einem empörten Vater ins Gewissen, dessen Sprößling Obst aus der Vorratskammer geklaut hat und jetzt mit einer Tracht Prügel bestraft werden soll: Ob nicht er, der Vater, es gewesen sei, der die Naschsucht des Sohnes gefördert habe, statt mit ihm das Verzichten zu trainieren? „Leiten Sie den Knaben wieder zurück", rät Fliederstrauch, „nicht mit dem Stock, sondern mit ernster Freundlichkeit und Geduld."

Auch der „Landbote Stephan", mit dem sich der „Herr Redakteur" regelmäßig über soziale Probleme in den Dörfern und die Protzerei reicher Bauern zu unterhalten pflegte, war eine geschickte Erfindung Kolpings, um Kritik an ländlichen Mißständen möglichst diplomatisch anbringen zu können und die Leserbindung an das Blatt zu erhöhen, wie man heute sagen würde. Solche „Landboten", die im Auftrag der Dörfler Besorgungen in der

Stadt machten und auch Zeitungen mitbrachten, gab es ja tatsächlich überall, und etliche Bauern in der Kerpener Gegend glaubten steif und fest, Kolping könne mit dem Stephan nur sie meinen.

Als man den „Reimmichl", wie sich der Südtiroler Pfarrer und vielgelesene Volksschriftsteller Sebastian Rieger nannte, einmal fragte, warum er seinen berühmten Volkskalender mehr als dreißig Jahre lang fast allein geschrieben habe, erwiderte er trocken: „Weil's keiner besser kann als ich!" Kolping, der für seinen Kalender ebenfalls die meisten Erzählungen selbst lieferte, hätte dasselbe sagen können, aber er war zu bescheiden dazu. Originelle Begabungen lassen sich eben nicht vervielfältigen; deshalb war seine Mühe, gute Geschichtenautoren zu gewinnen, so oft vergeblich.

„Bruder Jonathan will sich ein Nest in Italien ankaufen. Da werden schöne Vögel drin nisten." So schilderte der Redakteur Kolping die Bestrebungen Englands, in Italien Fuß zu fassen. Ein solches Talent hat man eben, oder man hat's nicht, lernen läßt sich eine derart bildkräftige Sprache kaum. Mit seiner Anschaulichkeit, seiner Vorliebe für Bilder aus dem Alltagsleben, vor allem aber in seinen an die Argumentationsmethode des Sokrates erinnernden Dialogen blieb er nah an den Sorgen und Fragen der Leser; das genügte eigentlich als Erfolgsrezept.

„Wir müssen uns besser rühren!"

Für „Wirtsstubenhocker" und „Maulaufreißer hinter Karte und Glas" (Kolping) wollte er ebensowenig schreiben wie für die sogenannte gebildete Welt; die sollte ruhig in ihren „höheren Papierregionen" bleiben, „wo die Leute das Gras wachsen hören", amüsierte er sich über die große liberale Presse. Er wollte seinen Lesern lieber, „so gut ich's weiß und kann", die Wahrheit sagen, statt Modemeinungen nachzuplappern, pikante Skandalgeschichten zu erzählen und den Leuten „recht viel Spaß auf Kosten anderer" zu bereiten, wie es die auch damals schon existierenden Revolverblätter mit ihren Lügen und Zeitungsenten taten.

Kolpings journalistisches Ethos verband sich mit der kämpferischen Absicht, „nicht mit den Wölfen zu heulen, den politischen und sozialen Irrwischen als Schweif uns anzuhängen, sondern treu zur Fahne unseres Glaubens zu stehen". „Wir müssen uns besser rühren", ermunterte Kolping 1860 die Leser der „Volksblätter", „es als eine heilige Pflicht anerkennen, namentlich in den gärenden, recht eigentlich kriegerischen Tagen der Gegenwart, gegen die Lüge und jene unrechtmäßige Gewalt energisch in Reih und Glied zu treten, welche unter verlogenen Phrasen das Christentum aus dem öffentlichen Leben hinausdrängen will. (...) Jenem feigen, charakterlosen Herüber- und Hinüberlaufen von Gott zum Teufel und umgekehrt muß nach Kräften gewehrt werden. Unsere Gegner sind in diesem Punkte ungleich strenger wie wir."

Die rechte Weltordnung, das war Kolpings ständig wiederholtes Glaubensbekenntnis, ruhe nun einmal auf religiösen Grundpfeilern, und mit denen hänge alle Politik und Volkswirtschaft und soziale Gerechtigkeit zusammen. Der „Gesellenvater" hat viel Zeitbedingtes und mittlerweile Überholtes gesagt, aber wie er die Notwendigkeit einer über diese Welt hinausreichenden Basis politischen Handelns begründet, das kann wohl auch heute nicht überzeugender formuliert werden: „Wenn das religiöse Gewissen verwirrt wird, geht den Menschen auch der Maßstab des irdischen Rechts verloren", gibt er zu bedenken. Denn: „Wer nicht sicher weiß, was unwandelbar wahr ist, der wird auch ein unverletzliches Recht, für das der Mensch darum mit allen Kräften einstehen muß, weil es mit der ewigen Wahrheit auf's innigste zusammenhängt, nicht festzuhalten vermögen."

So gesehen, wird Kolpings saloppe Versicherung nachvollziehbar, „daß in der großen Weltpolitik die frommen Vaterunser völlig so viel gelten als der Verstand der Verständigen". Denn Ziel und Richtung empfange das Menschenleben von seinem Schöpfer und nicht von den gescheiten Analysen irgendwelcher „hochgegiebelter Köpfe", wie er in einer köstlichen Formulierung eingebildete Volksaufklärer betitelte.

Die wahre Aufklärung, so stellte er selbstbewußt klar, habe schließlich das Christentum gebracht: „Wer hat die Menschen zuerst wieder gelehrt, daß sie alle ohne irgendwelchen Unterschied *vor Gott gleich* seien, *Brüder*? Wer hat sich zuerst der Unwissenden angenommen und sie in der *Wahrheit* unterrichtet, die größte Barmherzigkeit, die dem *armen* Menschen kann erwiesen werden? Wer hat zuerst die *armen* Kranken und Leidenden in Pflege genommen (...)? Wer hat den König von seinem Thron gezogen, damit er dem Armen die Füße wasche (...)? Wer hat den Armen aufgerichtet und den Reichen gedemütigt und geradezu von der Barmherzigkeit die ewige Seligkeit abhängig gemacht?" In der Tat, erst mit dem Erscheinen des Christentums habe sich „die Morgenröte der Zivilisation" gezeigt, seien doch Liebe und Brüderlichkeit an die Stelle von Egoismus und Rachedenken getreten!

Mit solchen Argumenten im Rücken konnte Adolph Kolping selbstsicher der „Tyrannei der Toleranz" entgegentreten, die das religiöse Bekenntnis am liebsten ins Hinterzimmer verbannen möchte: Nur um Himmels willen nicht zuviel vom Glauben reden, vor allem nichts Hartes und Schroffes! Die sogenannte christliche Liebe dieser Toleranzmenschen findet sich mit allen ab, drückt alle gleich zärtlich an die Brust, baut dem Heiden mit am Fetischaltare und dient mit zur heil. Messe, liest mit Rührung die Bibel auf eigene Forschung und bewundert die Ehrwürdigkeit des heutigen Judentums, läuft mit Subskriptionslisten herum für alle möglichen humanen Zwecke und beklagt nichts bitterer, als daß es überhaupt noch Menschen gibt, die *ihren* Glauben für den besseren, endlich gar, und das sei im Grunde polizeiwidrig, für den allein seligmachenden halten und von allem anderen schlechterdings nichts wissen wollen."

In unserer Epoche, die Pluralismus der Meinungen und Konkurrenz der Weltanschauungen nicht nur zähneknirschend akzeptiert hat, sondern auch noch für etwas Gutes hält, lesen sich solche Kolping-Zitate nicht gerade besonders angenehm. Aber liegt er mit seinen Klagen über die bequeme Furcht vor jeder klaren Entscheidung wirklich so schief, wenn er den Supertoleranten vorwirft, sich in der Praxis ganz schön unduldsam aufzuführen, und ihnen die letzte Konsequenz ihres Verzichts auf ein Bekenntnis vorhält? Kolping: „Weil diese Leute es mit jedem Glauben halten, glauben sie von Herzen gar nichts, und weil sie alles geschützt, geschirmt, ‚geduldet' wissen wollen, ist ihnen jede wirkliche Wahrheit gleichgültig."

Da forderte der Gesellenpfarrer schon lieber den Ernst des Glaubens ein gegen das seichte Meinungsgeplätscher des Bildungsbürgertums: Ihr Gott konnte natürlich nicht der heilige, gerechte Gott des christlichen Glaubens sein, „sondern mußte notwendig einem schwachen, überaus gutmütigen Altpapa so ähnlich sehen wie ein Ei dem anderen". „Ja, Religion wolle man sich wohl gefallen lassen, besonders fürs gewöhnliche Volk, aber dann müsse es wenigstens ein lustig hell, schön dekoriert' und tapeziert' Gebäu sein, das lauter Frohsinn und des Lebens Heiterkeit atme; auch verstehe es sich von selbst, daß sich jeder dies Gebäu nach eigenem Geschmack einrichte und ausschmücke, sich seinen Herrgott, wenn er überhaupt noch einen brauche – *sehr* gescheite Leute hätten gar keinen nötig –, so gut er vermöge, zusammen*denke* und diesem einen Gottesdienst herrichte, wie's ihm, dem freien, allen Zwanges entbehrenden Menschen, gefalle."

Zwischen Dialog und Getto

Wenn der im Bemühen um soziale Gerechtigkeit so fortschrittliche Kolping in seinen politischen Äußerungen als Bannerträger der Reaktion auftrat, auf die „roten Lügner und Betrüger" genauso schimpfte wie auf die „verliberalisierten Katholiken", das brüchig gewordene Bündnis von Thron und Altar verteidigte und der staatlichen Obrigkeit eine von oben gegebene, keineswegs vom Volk erhaltene Autorität „von Gottes Gnaden" bescheinigte, so wird man ihm zugutehalten müssen, daß auch ein Mensch von seinem geistigen Weitblick Kind seiner Zeit war. Die ist für die Kirche aber keine Epoche des Dialogs gewesen, sondern der Abgrenzung und des Kampfes.

Kolping war achtzehn Jahre alt, als Papst Gregor XVI. 1832 seine Enzyklika „Mirari vos" veröffentlichte, eine wütende Abrechnung mit sämtlichen politischen und geistigen Freiheitsforderungen, mit dem „Wahnwitz" der Gewissensfreiheit und der Denk- oder Redefreiheit, durch die bekanntlich die blühendsten Staaten zugrunde gegangen seien. „Hierzu", fährt der Papst fort, „gehört auch jene schändliche, nicht genug zu verabscheuende Freiheit der Presse, die einige zu fordern wagen."

Innerkirchlich setzte man zunehmend auf Formeln und Institutionen statt auf das Gespräch der Glaubenden miteinander. Verunsichert durch soviel neue Gedanken und gesellschaftliche Gärungsprozesse, sehnten sich viele Katholiken nach einer starken Führung, die verbindlich zu sagen vermochte, was richtig und was falsch war. Die durchaus vorhandenen liberal-aufgeklärten Strömungen im Katholizismus – die Aufhebung des Zölibatsgesetzes wurde gefordert, die Muttersprache im Gottesdienst, Diözesansynoden aus gewählten Priestern und Laien – unterlagen der sogenannten ultramontanen Richtung („ultramontan" = über den Bergen; eine Anspielung auf Italien und Rom): Rückhaltlose Solidarisierung mit dem Papst, innerkirchliche Zentralisierung, konfessionelle

Abschottung, Mißtrauen gegenüber den modernen Freiheitsideen, Streben nach Durchsetzung kirchlicher Vorstellungen in Politik und Gesellschaft, Ehe und Schule.

Es war eine aufregende Zeit: Während Kardinalstaatssekretär Antonelli den Bischof Pecci von Perugia – den späteren Papst Leo XIII.! – auf eine Liste verdächtiger Oberhirten setzte, weil er Brücken zur modernen Zivilisation und Kultur schlug und die aufgeklärten Bildungsbürger für den christlichen Glauben zurückzugewinnen suchte, wünschte sich der englische Laienführer William George Ward jeden Morgen mit dem Frühstück und der „Times“ eine unfehlbare päpstliche Enzyklika.

Alles schien im Umbruch: Die Säkularisation 1803 mit dem Ende der geistlichen Fürstentümer hatte nicht nur ein gut funktionierendes Sozialsystem zerstört und die bisher ziemlich autarke Reichskirche staatlicher Kontrolle und römischem Druck ausgeliefert; sie hatte die Kirche auch dem Volk nähergebracht, die Bindung der Hierarchie an den Adel beseitigt und das Bündnis von Thron und Altar erschüttert. Auf lange Sicht erhielt die Kirche ganz neue Möglichkeiten, die soziale Ordnung und das gesellschaftliche Leben mitzugestalten. Die revolutionären Freiheiten – Vereinigungs- und Versammlungsfreiheit, Pressefreiheit, Gleichheit vor dem Gesetz, religiöse Toleranz – wurden auch für die Christen, auch für die Kirche erkämpft.

Zu dieser Erkenntnis führte für die meisten Katholiken allerdings ein langer, gewundener Weg. Zunächst zogen konservative politische Mächte und kirchliche Führung trotz Säkularisation und brutaler Enteignung der Kirchengüter am selben Strang: Liquidierung der revolutionären Errungenschaften und Rückkehr zur guten alten Ordnung. Erst allmählich entdeckten Leute wie Görres, daß es unter einer absolutistischen Staatsmacht keine freie Kirche geben kann. Kleine, aber ungeheuer vitale Zirkel der Erneuerung – wie der in München, der Kolping beeinflußte – entwickelten ein neues katholisches

Selbstbewußtsein und brachten die Kirche in Kontakt zu den geistigen Strömungen der Zeit.

Es war ja auch nicht so, daß sich die von führenden Kirchenkreisen anfangs so markig als Werk des Antichristen verdammte 48er Revolution grundsätzlich an den Katholiken vorbei oder gegen sie vollzogen hätte. In Mainz etwa hatte die Zeitschrift „Der Katholik" Gewissens- und Vereinigungsfreiheit und soziale Reformen verlangt; in Köln beanspruchte ein katholisches Wahlkomitee diese Freiheitsforderungen ausdrücklich auch für die anderen Konfessionen. Im Gefolge der umstrittenen Revolution kam es zunehmend zum Schulterschluß zwischen Kirche und „Volk" gegen staatliche Repressalien, lernten die Katholiken die neuen Freiheiten zu nutzen, meldeten sie sich in Landtagsdebatten und Zeitungsartikeln zu Wort, entfaltete sich Schritt für Schritt der moderne, straff organisierte, politisch und gesellschaftlich ebenso kampfeslustige wie wirkmächtige Massenkatholizismus.

Kolping stand mitten in diesen Auseinandersetzungen, und man versteht manche Härten in seinen Stellungnahmen besser, wenn man das zwiespältige Verhältnis des katholischen Deutschland zu den 1848er Freiheitsideen kennt. Es benutzte sie ohnehin eher als Mittel zur Bestandswahrung und zur Ausdehnung des eigenen Einflusses, als sie sich wirklich innerlich anzueignen – sonst hätte im eigenen Haus, im stramm autoritär geführten kirchlichen Binnenraum, nicht jeder Hauch von Freiheit gefehlt. Zudem galten die „Liberalen" traditionstreuen Kirchenvertretern noch lange Zeit als natürliche Feinde.

Im Lauf der Jahre wuchs der anfangs auch von Katholiken enthusiastisch begrüßte Liberalismus zudem in die wenig sympathische Rolle staatlicher Tyrannenmacht hinein, die einst der Absolutismus innegehabt hatte. Zumindest in diesem Bereich ist der scheinbar so erzreaktionäre Kolping im nachhinein als Hellseher bestätigt worden, hat er doch die vorstaatlichen Freiheitsrechte gegen Allmachtsallüren der staatlichen Obrigkeit verteidigt.

Kolping kämpfte für die individuellen Freiheiten und für die Rechte gesellschaftlicher Gruppen und Zusammenschlüsse, er zeigte dem Staat seine Grenzen.
Das mag Kolpingssöhne heute ermutigen – denn gewiß werden sie manchmal schwer schlucken müssen, wenn sie den Kampf ihres großen Vorbilds gegen Werte verfolgen, die uns lieb und kostbar geworden sind und eine ethische Verpflichtung noch dazu: „Wer weiß, wie viele Leute in den letzten Jahren durch das Wort ‚Demokrat' zugrunde gerichtet worden sind!" entsetzte sich der „Gesellenvater" 1852 in seinem Vereinsorgan. „Das ‚materielle Wohlsein' hat sogar ganze Länder an den Rand des Verderbens gebracht, ‚Freiheit und Gleichheit' dem Teufel Tür und Tor geöffnet (...) Verschiedene Stände gibt's einmal, seit zweierlei Menschen auf der Welt sind, und wird's geben, solange auch nur zwei Menschen da sind, also bis ans Ende der Welt (...) Daran kann keine Macht im Himmel und auf Erden auch nur das Geringste ändern – Gott selbst nämlich will's nicht ändern, was das verrückte Volk auch über die Gleichheit der Stände schreien mag."

Man könnte Dutzende solcher Zitate anführen, eines aggressiver als das andere. „Alles, was revolutionär ist, lügt von Natur aus", behauptete er; rebellierenden Armen warf er „diabolischen Haß" vor; sein „Volkskalender" zeigte als Musterbeispiel des aufrührerischen Freiheitskämpfers die Karikatur eines mit Teufelshörnern ausgestatteten Literaten in seiner Dachkammer inmitten von Papierstößen, Dolch, Pistole und Guillotine. Die Verhaltensmaßregeln im „Wanderbüchlein" für Handwerksburschen erinnern fatal an wilhelminische Hofprediger: „Fürchte Gott, ehre den Regenten (...) Gehe den Menschen aus dem Wege, die über alles räsonieren."

Und doch wettert derselbe Kolping, der dem Papst als Herrscher des Kirchenstaates ganz selbstverständlich das Recht zubilligt, das Schwert wider seine Feinde zu gebrauchen, gegen die sündhaft teure Rüstung und rät den Politikern, nicht auf Gewalt zu vertrauen: „Mit Bajonetten bekehrt man kein Menschenherz", und die Tyrannei habe sich noch immer ihr eigenes Grab geschaufelt. Derselbe Kolping, der „vor Scham und Zorn vergehen möchte", weil Österreich 1859 „ohne entscheidende Schlacht" einen „faulen, schimpflichen Frieden" mit dem Revolutionsvollstrecker Napoleon geschlossen habe, macht sich in seinen Zeitungsartikeln des öfteren über den Unsinn militaristischer Politik lustig und bewundert die Inder für ihren Aufstand gegen die „gar so übermütige" englische Kolonialmacht. Derselbe Kolping, der leidenschaftlich gegen die „Tyrannei der Toleranz" anschreibt (wer nur das allen Konfessionen Gemeinsame heilig halten wolle, habe praktisch auf seinen Glauben verzichtet), freut sich ehrlich auf die Wiedervereinigung der Christen – wenn er sie sich auch nur als Heimkehr der Verirrten ins Vaterhaus vorstellen kann: „Über dem Beten vergeht die Bitterkeit", empfiehlt er den Getrennten.

Gott sei Dank, daß auch Leute wie Kolping so widersprüchlich und vielschichtig sind wie wir alle, tastend und oft hilflos in ihren Einstellungen zur Welt und gar nicht immer auf der Höhe ihrer eigenen Ideale. Wie könnten sie uns sonst Helfer zum Glauben und Trost in unseren Kämpfen und Niederlagen sein?

„Wer an Gott glaubt, muß auch an den Menschen glauben"

„Ich sitze da und schwitze Tag für Tag über Politik und Gott weiß was Alles, daß ich fast einschrumpfe", seufzte der Alleinredakteur Kolping, der nach neuen Untersuchungen über zwölf Jahre hinweg exakt 45,7 Prozent des Inhalts seiner „Rheinischen Volksblätter" selbst geschrieben hat – ohne Sekretärin, ohne Diktiergerät und Schreibmaschine – und nebenher auch noch einen Volkskalender herausgab, bei allen möglichen Gelegenheiten und an zahlreichen Orten als Redner auftrat und das Management eines ständig wachsenden Verbandes betreute. Kein Wunder, daß seine privaten Briefe stellenweise verzweifelten Klageliedern gleichen. „Ich hätte fast nötig, in meinem Kopf eine Fabrik zu errichten", schrieb er seinem Freund Gruscha nach Wien, „nur müßten auch noch Denkmaschinen erfunden werden."

Aber zweifellos wäre Kolping ohne diesen publizistischen Dauerstreß nicht im ganzen deutschsprachigen Raum bekannt gewesen wie ein bunter Hund, und selbstverständlich hätte sich dann auch sein Verband nicht so rasant ausgebreitet. Der Publizistikwissenschaftler Michael Schmolke sieht darin sogar das eigentliche Unterscheidungsmerkmal des Gesellenvereins gegenüber allen anderen damals bestehenden Verbänden, daß die Schreibarbeit eines fast allein arbeitenden Mannes entscheidend für seine Organisation und Finanzierung gewesen sei.

Denn seine ameisengleiche publizistische Fleißarbeit machte Adolph Kolping nicht nur ungemein populär – er erlebte noch die ersten Sammelbände mit seinen Erzählungen –, sondern auch finanziell unabhängig. In seinem wirtschaftlich erfolgreichsten Jahr verdiente Kolping laut Schmolke 5880 Taler – fast viermal soviel wie seinerzeit der Chefredakteur der bereits erwähnten „Deutschen Volkshalle". Wir wissen, daß er mit seinen Bezügen das Kölner Gesellenhospiz finanzierte und einen Stiftungsfonds einrichtete, der später das Grundgehalt seines Nachfolgers sicherte.

Natürlich könne sein Verein nicht „Wunder wirken" oder „Hexenwerk treiben", wies Kolping unrealistische Erwartungen zurück. Ein in den ganzen Organismus des Handwerkslebens eingedrungenes Übel lasse sich nicht über Nacht beseitigen. In seiner Neujahrsbetrachtung 1851 für die Vereinsmitglieder zitierte er die ewigen Pessimisten: „Die Welt ist zu schlecht, als daß ihr sie bessern könnt, und der Karren steckt zu tief im Dreck, daß ihr ihn auch nicht herausreißt. Noch klügere Leute als ihr haben nichts ausgerichtet. Was hilft's, daß man hie und da an den Zuständen der Zeit herumflickt, es reißt der alte Schaden doch immer wieder aufs neue." Also Rückzug ins Schneckenhaus? „Angenehmer wäre es jedenfalls", gibt der Gesellenpfarrer zu, „wenn man sich die Schlafmütze recht tief über die Ohren zöge, das Haus zumachte und hinter den Ofen kröch' und sich damit tröstete: Hast du die Welt nicht verdorben, brauchst du auch an ihre Besserung nicht zu denken."

Nein und nochmals nein! hielt Kolping leidenschaftlich dagegen: „Sind wir denn in der Welt, um uns in eine Ecke zu drücken, unser liebes Selbst zu streicheln und für alles andere Augen und Ohren zu schließen?" Erstens sei die Welt gar nicht so schlecht, wie manche das gern hätten, und die Menschen schon gar nicht: *Ja, wir glauben noch an die Menschen*, besonders glauben wir noch an unsere arbeitende Jugend (...) Und weil wir daran glauben, deswegen läßt es uns keine Ruhe, dafür zu wirken. Und beten wir pflichtschuldigst alle Tage um die rechte, wahre Demut der Gesinnung, wissen wir ziemlich gewiß, was wir nicht können, dann *müssen* wir, wollen wir anders dem Richter im Innern genügen, doch alle Kräfte anstrengen, das ins Leben zu setzen, *was* wir können. (...) Weil das Feld klein ist, was wir beackern, ist deshalb unsere Mühe vergeblich, wenn wir uns anstrengen, das kleine Fleckchen Erde da vor uns so fruchtbar zu machen, als nur immer möglich?"

Den zähen Glauben an die Menschen ließ sich Kolping nicht nehmen, aber auch nicht – und das war sein zweites Argument – den Glauben an Gott. Deshalb „verlassen wir uns nicht auf uns, sondern auf die siegende Kraft des Christentums und halten es für eine Pflicht, dieser Gotteskraft *dienstbar* zu sein. Und weil so manches faul ist in der Welt, weil so vieles gebrochen und zerrissen ist im gesellschaftlichen Leben, deswegen wäre es für uns, die wir ans Christentum wirklich glauben, wahrlich Verrat an der Sache, wenn wir gerade jetzt nicht alle Kräfte anspannten, die eigenen und die gleichem Zwecke dienenden fremden, zu bessern und zu retten, was sich retten läßt. Es ist keine Zeit zu feiern, zuzuschauen, gewähren zu lassen, bloß zu jammern und zu klagen, sondern es ist Zeit zu handeln, Zeit zu wirken, und zwar für jeden ohne Unterschied, wie es ihm nach Maßgabe seiner Kräfte und Mittel nur möglich ist. (...) Diejenigen, welche an Gott glauben, müssen dadurch auch an die Menschen glauben, und welche das Christentum lebendig glauben, müssen in seinem Geiste schaffen."

Deshalb ackerte Adolph Kolping ohne Rücksicht auf die eigene Gesundheit wie ein Besessener. Ableger des Gesellenvereins entstanden in Bayern, Österreich, Luxemburg, Belgien, Sachsen, Böhmen und Ungarn. Deutsche Auswanderer gründeten im amerikanischen St. Louis den ersten Gesellenverein in Übersee. Hatte man 1852 noch 24 Vereine gezählt, so waren es zwei Jahre später bereits 91 und wieder vier Jahre darauf 185, davon allein 51 in Bayern, 45 in Österreich und zwei in den USA. Kolping scheute sich nicht, bereits bestehende Gründungen mit ähnlichen Zielsetzungen nach seinem Muster umzustrukturieren.

Fern jedem Rivalitätsdenken, unterstützte er verwandte Initiativen für Mägde; es gab genug ledige Köchinnen, Stubenmädchen, Kinderfräulein, die ohne Arbeit wie Handwerksburschen herumvagabundierten und eine leichte Beute für Kupplerinnen und Zuhälter darstellten. Allein in Breslau griff die Polizei damals jährlich fast dreitausend solcher ehemaliger Dienstboten auf. Grund genug für Kolping, engagiert für Asyle und Unterkünfte zu werben, darunter auch ein Kloster „zur Besserung gefallener Personen weiblichen Geschlechtes" in Köln, sinnigerweise dem Friedhof gegenüber, um die mißratenen Mädchen zu „ernsten Gedanken" anzuleiten. Kolping freilich, der bereits ziemlich modern über die Mitschuld der Gesellschaft an Fehltritten einzelner dachte, konnte sich die Bemerkung nicht verkneifen, das Bußetun sei wohl nicht nur für die Heiminsassinnen geboten.

In zahlreichen öffentlichen Auftritten machte der Gesellenpfarrer sein Programm publik. Bei den Generalversammlungen des Katholischen Vereines Deutschlands – das waren die Vorläufer unserer Katholikentage – gehörte Kolping zu den gefragtesten Rednern. Auf der 5. Generalversammlung in Mainz brach am 9. Oktober 1851 im Tagungssaal durch eine schadhafte Gaslampe ein Feuer aus; Kolpings Redetalent gelang es, der entstehenden Panik mit einem improvisierten Vortrag Herr zu werden und Schlimmeres zu verhüten; wie sich nachher herausstellte, hatte der Tumult fünf Menschenleben gefordert. Mit dem schlagenden Argument, er habe selbst unter den Gesellen gesessen und kenne ihr Elend, warb er auf diesen Katholikentreffen unermüdlich für seine Idee.

„Wenn ihr wüßtet, was ich weiß, da klatschtet ihr nicht", begann er so eine Rede, und das Publikum war unfehlbar gebannt von seinem derb-urwüchsigen Humor und der Bildkraft seiner Worte: Die jungen Handwerksburschen seien ihm lieber gewesen als kalifornisches Gold, erzählte er von den schwierigen Anfängen des Gesellenvereins. „Denn die Männer muß man erst haben; die Weiber laufen hintendrein. Das ist mir in den Kopf gefahren, und ich habe mir gedacht: Gott der Herr hat dich nicht umsonst auf den Werkstuhl zehn Jahre gesetzt; nun weißt du, wie die Dinge stehen; die Leute verstehen dich..." Einfach sei die Aufbauarbeit freilich nicht gewesen: „Es ist halt mit den Katholiken so: Ein bißchen gestoßen, ein bißchen geschoben müssen sie schon werden, damit sie warm werden."

Wen wundert's, daß die hingerissene Zuhörerschaft daraufhin den feierlichen Beschluß faßte: „Der Katholische Verein wird nach Kräften die Verbreitung der Gesellenvereine fördern"?

Politische Ermittlungen gegen den Gesellenpfarrer

Die kirchliche Obrigkeit allerdings blieb dem Verein gegenüber merkwürdig reserviert. Die Kölner Kirchenführung dachte – bei allem persönlichen Wohlwollen – nicht daran, den wie ein Arbeitstier schuftenden Domvikar von seiner undankbaren Aufgabe zu entlasten; zum Glück konnte er mit seinem Redakteursgehalt einen Stellvertreter für die unmittelbare Seelsorgsarbeit bezahlen. Kritik und üble Nachrede gab es ohnehin von allen Seiten. Der Unterricht für die Gesellen ruiniere die Gewerbeschulen, hieß es. Priester, die sich im Verein engagierten, wurden beschuldigt, persönlichem Ehrgeiz zu frönen und ihre „eigentlichen" Seelsorgspflichten zu vernachlässigen. Wirte und Bierbrauer beschwerten sich allen Ernstes, die Gesellenhäuser hielten die Burschen vom Gaststättenbesuch ab und ruinierten damit die gesunde Volkswirtschaft. Andere Herbergsväter wiederum warfen die „Betbrüder" unsanft aus der Gaststube, ohne sich um die „Volkswirtschaft" zu kümmern.

Immer wieder Häme und Besserwisserei und boshafte Vorhaltungen und pessimistische Prophezeiungen... „Ich habe auch manche schlaflose Nachtstunde", schrieb er an einen Freund, „und sitze manchmal am hellen Tage in der Ecke und gucke durch die Naslöcher. Aber der Mut soll doch nicht sinken! (...) Das Leben ist Plag' und Arbeit, Mühe und Sorge, und nur im Himmel ist Ruh'! Damit tröste ich mich, da ich sonst auch blutwenig finde, was mich zu trösten vermöchte." Und der Frau eines anderen Freundes gestand er: „Wie ich inwendig oft gekreuzigt werde, davon haben Sie, Gott sei Dank, gar keinen Begriff."

Aber auch immer wieder das Aufbäumen einer Zuversicht, die nach eiserner, fast verrückter Siegesgewißheit klingt und der man kaum anmerkt, daß sie aus tapfer durchgestandener Angst und Verzweiflung geboren ist.

„Glauben Sie aber gar nicht", fährt er nach der eben zitierten verbitterten Klage fort, „ich machte darum unserm Herrgott im Himmel Fäuste, wenn auch in der Tasche; oh nein, gerade umgekehrt. Mir sind die Leiden im Leben noch immer mehr wert gewesen als alles bloß äußere Glück, als aller Ruhm usw. Sie haben mich weicher gesotten und mich Mitleid gelehrt, und darum: Gott sei Dank auch für die Leiden."

Ein vom Glauben getragenes kräftiges Nervenkostüm hatte Kolping auch angesichts der zunehmenden politischen Bespitzelung seiner Gründungen nötig. Das Mißtrauen der Besitzenden wuchs: Forderten diese Handwerksburschen etwa auch das allgemeine Wahlrecht wie Marx, Engels und Lasalle? Sollte der Arbeiter plötzlich schreiben lernen, statt brav seine Aufgaben zu erfüllen? Drohte am Ende die Revolution? Wie dünnhäutig die Obrigkeit damals auf jedes vermeintliche Signal der Rebellion aus Handwerkerkreisen reagierte, zeigen Beschlüsse der Frankfurter Bundesversammlung von 1840 über Zwangsmaßnahmen gegen „unerlaubte Gesellenverbindungen" oder die in der preußischen Gewerbeordnung von 1845 vorgesehenen harten Strafen für Gesellen, die sich „groben Ungehorsams oder beharrlicher Widerspenstigkeit" schuldig machten.

Die feindselige Stimmung eskalierte, als Kolping 1853 für seinen Kölner Verein die Anerkennung der Gemeinnützigkeit beantragte. Nach zwei Jahren endlosen Wartens kam der Bescheid: Abgelehnt! Kolping trug die Angelegenheit jetzt kurzentschlossen dem König von Preußen vor – mit dem Erfolg, daß der Kölner Regierungspräsident eine politische Untersuchung gegen ihn einleitete. Man habe da so allerlei entdeckt, schrieb Kolping besorgt an einen Freund in Münster, da er in seiner Harmlosigkeit nie den Diplomaten habe spielen können. Lächerliche Denunziationen kamen auf den Tisch – etwa die belastende Information, Kolping habe sich irgendwann einmal auf einer Bahnfahrt abfällig über die preußische Regierung geäußert! „Was mich persönlich betrifft, habe ich darüber lachen können", gesteht er seinem Briefpartner, „da es aber der guten Sache schaden kann, habe ich mein ernstes Bedenken dabei."

Dem Kölner Erzbischof Johannes von Geissel – hier wieder ungeachtet seines sonstigen Desinteresses als Schutzgeist des Gesellenvereins auftretend – gelang es schließlich, den König von Kolpings lauteren Absichten zu überzeugen. Am 29. April 1856 unterschrieb Friedrich Wilhelm IV. eine Kabinettsorder, die dem Schutzvorstand des Kölner Gesellenvereins die „Korporationsrechte" verlieh – und die Errichtung weiterer Gesellenhäuser in Preußen möglich machte. Als sich aber 1860 im Erfurter Gesellenhaus protestantische und katholische Laien trafen, um in einer frühen Vorahnung von Ökumene gemeinsam drängende sozialpolitische Fragen zu erörtern, ermittelte die Polizei erneut und stellte die preußische Regierung gegen den Eigentümer des Gesellenhauses Strafantrag wegen „unerlaubter Versammlung"...

4

Politik: Der Sozialreformer Kolping will das Evangelium im gesellschaftlichen Leben wirksam machen

„Das Christentum ist nicht bloß für die Kirche
und für die Betkammern,
sondern für das ganze Leben."
„Das Elend ist nur da,
weil die Menschen nicht bessere Christen sind."

Zeitungsredakteur war in den fünfziger Jahren des vorigen Jahrhunderts ein abenteuerlicher und gefährlicher Beruf. Man riskierte horrende Geldbußen oder sogar Gefängnis, wenn der allgegenwärtigen Zensur ein Artikel mißfiel oder einfach die ganze Richtung nicht paßte.

Ein Leidtragender berichtet von dem Bravourstück, das jedesmal zu vollbringen war, um die von ihm herausgegebene Vierteljahresschrift an der Zensur vorbeizuschmuggeln: die druckfrischen Exemplare wurden in Pakete verteilt und auf einen Wagen geladen, den man „an irgend einem versteckten Orte" nicht allzu weit von der Zensurbehörde warten ließ. Ein Verlagsangestellter trug das „Pflichtexemplar" auf die Behörde und rannte mit dem Empfangsschein zum Wagen zurück, um dem Kutscher ein Zeichen zu geben. Der jagte die Pferde von Buchhandlung zu Buchhandlung, bis alle Pakete an den Mann gebracht waren. Hatte der Zensor etwas Unziemliches im Blatt gefunden, fand er im Verlag gewöhnlich das Nest bereits leer. Die verschlossenen Pakete bei den Buchhändlern waren laut Gesetz als „fremdes Eigentum" geschützt und durften nicht geöffnet werden; und so erhaschte die Polizei meist nur einige wenige Exemplare in den offenen Läden der Sortimenter. „Welch unwürdiges Schauspiel", so schließt unser Gewährsmann, „eine solche Hetzjagd zwischen Behörde und Verleger!"

Bei einer Wochenzeitschrift wie Kolpings „Rheinischen Volksblättern" war der Zugriff für die „Preßpolizei", wie sie sich nannte, natürlich sehr viel einfacher. So wird es verständlich, daß sich der ständig bespitzelte Gesellenpfarrer in seinen politischen Äußerungen Zurückhaltung auferlegte und auch dem Gesellenverein ein regelrechtes Politikverbot verordnete: „Politik ist ausgeschlossen", stellte er schon 1848 klar, „es wird ohnehin genug gekannegießert" – auf deutsch: nutzlos geschwätzt.

Politik sei ohnehin nichts für grüne Handwerksburschen und biedere Meister, tröstete der in solchen Dingen ziemlich patriarchalische „Gesellenvater" seine enttäuschten Anhänger. Diejenigen, die das Volk zur Politik erziehen wollten, benutzten es doch bloß als Werkzeug, um die gebratenen Kastanien nicht selbst aus dem Feuer holen zu müssen!

Der Kampf gegen die Gewerbefreiheit

Eine gewichtige Ausnahme machte Kolping allerdings in seiner Politik-Abstinenz: Gegen die 1845 in Preußen gesetzlich verankerte Gewerbefreiheit und für die Wiederherstellung der gewerblichen Selbstverwaltung focht er so grimmig, als gelte es alle Teufel der Hölle zu besiegen. In diesem Zusammenhang gab er auch eine eindeutige Wahlempfehlung, als 1861 die Wahlen zum preußischen Abgeordnetenhaus anstanden: Die Gegner der unseligen Gewerbefreiheit und damit die wahren Freunde der Handwerker säßen ausschließlich auf der konservativen Seite.

Worum ging es in diesem uns heute nicht mehr recht

verständlichen Streit? Wie paßt Kolpings Engagement in so einer Detailfrage zu seiner Versicherung, er wolle sich nicht in die Regierungsgeschäfte mischen, sondern „den Grundsätzen, den Prinzipien, wie die gelehrteren Leute sagen, zu Leibe gehen"? Ganz einfach: Die Gewerbefreiheit *war* für ihn kein Detailproblem. Kolping sah in ihr vielmehr die Wurzel allen modernen Handwerkerelends und die schauerliche Konsequenz eines rein am Profit orientierten und Arbeitskräfte zur Ware erniedrigenden Menschenbildes.

Gleichzeitig mit der Industrialisierung, die vielen Handwerkern an die Existenz ging, breitete sich der sogenannte Laissez-faire-Liberalismus aus mit dem obersten Glaubenssatz: Die Wirtschaft soll frei, ohne Einschränkung durch Gesetze und soziale Regelungen blühen. Die letzten Reste der alten Zunftordnungen verschwanden, die etliche überholte Zöpfe beinhaltet, aber doch auch sehr weise die Produktion bzw. die Anzahl der Gesellen in einem Betrieb beschränkt und Dumpingpreise untersagt hatten – alles zu dem Zweck, unlauteren Wettbewerb und aggressive Konkurrenz zu verhindern. Und für die ärmeren Kollegen hatte es Kranken- und Sterbekassen gegeben.

Dieses soziale Netz fiel nun mit all den vom Handwerk selbst entwickelten Sicherheiten und Regelungen weg – ersatzlos. Zwischen Meister und Lehrling herrschte die reine Willkür; die Zunftgesetze waren gestrichen, Tarifverträge, Gewerkschaften, Arbeitsschutzbestimmungen und Krankenkassen gab es noch nicht. Jeder konnte jetzt Meister werden, sofern er nur Geld hatte; die Folge: sinkende Qualität der Produkte, ein unerträglicher Konkurrenzdruck und eine wachsende Verschuldung des Handwerkerstandes. „Verproletarisierung" nennen das die Fachleute.

Die „Gewerbefreiheit" entpuppte sich für Kolping also als ungehemmte Erwerbsfreiheit und „raffinierteste Habsucht": „Wer hat, will mehr haben; das kalte, rücksichtslose Geld wird zur Macht wie keine andere. Mit Geld kann man endlich diese ganze materielle Welt kaufen; denn der Erwerb ist frei, unbedingt frei." Jeder sorge nur noch für sein eigenes Fortkommen, das Schicksal des anderen gehe ihn nichts mehr an. „Damit sind alle die persönlichen Verbindungen abgerissen; man kann sich einander nicht mehr mit Sorge, Zuneigung und Liebe lohnen, *man zahlt nur mit Geld*, darüber hinaus ist einer dem anderen nichts mehr schuldig. (...) Das bloße Geldverhältnis ist ein totes, kaltes, beruht einzig und allein auf dem ‚Interesse' und ist also durch und durch antisozial."

„Entfremdung" hat Karl Marx diese Krankheit der Gesellschaft genannt. Doch der Marxismus ist für Kolping keine Alternative: Auch er versteht wenig vom Menschen, setzt an die Stelle der Profitgier lediglich das gemeinschaftliche, gleichberechtigte Placken und Schaffen und begreift nicht, daß zum Leben mehr gehört. Die Wertskala stimmt nicht.

Deshalb wurde der gelernte Schuhmacher Kolping nicht müde, eine vom Handwerk mitgestaltete Gewerbeordnung anstelle dieser inhumanen „Freiheit" zu fordern. Unter den allerletzten niedergeschriebenen Sätzen, die wir von Kolping haben, findet sich jene wenige Wochen vor seinem Tod in den „Rheinischen Volksblättern" erschienene Forderung an die weltliche Obrigkeit, sie möge *„wirkliche, naturgemäße Gewerbefreiheit"* gewähren, „d. h. die Freiheit der Gewerbe, also auch Handwerke, sich innerhalb ihres Berufskreises selbständig zu organisieren, *korporatives Leben* wieder aufzurichten".

„Vereinigt euch – aber *einigt* euch auch dabei – insgesamt für die Sicherstellung des Handwerks", hatte er schon 1854 seine Gesellen aufgerufen, „petitioniert *unermüdlich* und *beharrlich* um die Rechte, die euch naturgemäß zukommen (...)" Er stritt für die Sonntagsruhe als ein Stück Menschenwürde – mit dem Argument, daß der Mensch vor der Degradierung zum Arbeitstier geschützt werden müsse – und rief zum Boykott solcher Handwerker auf, die ihre Leute ohne Not am Sonntag schuften ließen. Er ermunterte die Gemeinden dazu, durch überlegte Vorratskäufe den Brotpreis zu sichern und den Getreidespekulanten entgegenzutreten. Volksküchen lehnte er jedoch ab, weil den Familien damit die Gelegenheit genommen werde, sich beim gemeinsamen Mittagstisch als zusammengehörig zu erleben. Und selbstverständlich warb er für eine starke Vertretung des Handwerks in den kommunalpolitischen Gremien.

Ist er doch ein verhinderter Politiker gewesen, der Priester Kolping, ein Parteiredner auf der Kanzel und in seinen Blättern auch nur der Propagandist einer bestimmten Richtung?

„Es gibt keine Trennung zwischen Himmel und Erde“

Das knappe Profil, das Kolping von einem Vereinspräses nach seinem Herzen gezeichnet hat, gibt die Antwort: „Daß er sich heut zu Tage unter unsern Zuständen um das soziale, bürgerliche, gesellschaftliche Leben zu kümmern hat, daß er sich bis zur Erde bücken soll, um aufzuheben, was nur die Hand nach Hilfe ausstreckt, bedarf keiner Erörterung mehr.“

„Bis zur Erde“ soll sich der Priester – zu seiner Zeit oft noch ein stolzer Hochwürden – bücken. Ganz bestimmt war es weniger die Sorge um die durch Rote und Liberale bedrohten Kirchenprivilegien, die den Priester Adolph Kolping trieb, sondern die Liebe zu den Gefährdeten und Kaputten. Die Zeit sei wahrlich nicht dazu angetan, die Hände in den Schoß zu legen und dem Schauspiel der Weltgeschichte tatenlos zuzuschauen, hämmerte er seinen Lesern ein; vielmehr halte er den Kampf für Wahrheit und Recht auf Erden für eine „christliche Bürgerpflicht“.

Für Kolping gab es keinen Zweifel: „Das Christentum

ist nicht bloß für die Kirche und für die Betkammern, sondern für das ganze Leben. Es gibt keinen Punkt, keine Seite, kein einziges Verhältnis des Lebens, welches nicht nach den Grundsätzen des Christentums gerichtet und behandelt werden soll. Der höchste Inbegriff und kürzeste Ausdruck dieser Grundsätze ist das neue Gesetz der Liebe: Liebe Gott über alles und den Nächsten wie dich selbst."

Es werde alles darauf ankommen, das Christentum wieder in das gesellschaftliche Leben hineinzutragen, die sozialen Zustände „nach der wahren Gerechtigkeit zu gestalten". Drei Jahrzehnte vor der Sozialenzyklika „Rerum novarum" verlangte dieser Prophet aus Köln bereits: „Die Kirche kann und darf sich von der Sozialen Frage nicht zurückziehen, (...) sie *muß* ins Leben hineintreten und den Kampf mit ihren Widersachern nicht scheuen." Das ganze Elend gebe es ja nur, weil die Menschen keine besseren Christen seien; ja: „Der unchristliche Kommunismus wäre gar nicht auf die Welt gekommen, wenn der christliche in rechter Weise wäre überall ausgeübt worden."

Und denen, die sich – auch damals schon – entrüsteten, damit werde die Erlösungsbotschaft in ein politisches Programm umfunktioniert, antwortete er mit einem grundsoliden theologischen Argument: Das Christentum sei gewiß nicht von dieser Welt, aber *für* diese Welt gekommen. „Der Sohn Gottes ist Mensch geworden, damit er der *Welterlöser* sei. Auf dieser Kardinalwahrheit ruht das ganze Christentum", gab Kolping 1860 in den „Volksblättern" zu bedenken. Gott ist Fleisch geworden, in diese Welt hinein, also wäre ein christlicher Glaube, der die Welt ausblenden wollte, ein Unding. „Da die ganze Welt aus seinen Schöpferhänden hervorgegangen, so gilt sein Erlösungswerk auch wieder der ganzen Welt (...) und folgerichtig auch *allen* menschlichen Verhältnissen hienieden, die am sichtbarsten und fühlbarsten von der Sünde und dem Bösen angesteckt sind."

Die logische Folgerung daraus: „Es gibt überhaupt keine absolute Trennung zwischen dem religiösen und dem irdischen sozialen Leben, zwischen Himmel und Erde." Dem wirklich religiösen Menschen sei alles religiös, was Gott eingerichtet habe – auch die scheinbar nur „irdischen" Dinge. Deshalb sei die Trennung der Religion von den sogenannten irdischen Fragen „die große allgemeine Versündigung an der Gesellschaft, und diese Versündigung hat uns das große soziale Elend bereitet." Das Ergebnis: „Der allgemeine Zug der Gesellschaft fährt auf recht breiter Fahrstraße immer mehr aus der Übung des Christentums hinaus."

So unangenehm deutlich konnte der Priester Kolping gegenüber den eigenen Glaubensschwestern und -brüdern werden, wenn es um die Not in der Gesellschaft ging und um die Trägheit derer, die eigentlich berufen gewesen wären, diesem Elend zu steuern.

Gerechtigkeit statt Gnade

Natürlich hatte auch ein so vielseitig talentierter Pionier wie Kolping seine Grenzen. Der weitgehende Verzicht auf tagespolitisches Engagement – mit den vorhin geschilderten Ausnahmen – lag nicht bloß an der totalen staatlichen Kontrolle des Vereinslebens, sondern auch an Kolpings tiefeingewurzelter Scheu gegenüber konkreter Sozialpolitik. Die teilte er freilich mit den meisten Katholiken seiner Zeit, auch mit denen, die durchaus ein waches Bewußtsein für die Notwendigkeit gesellschaftlicher Veränderungen hatten.

Aber in der romantischen Sozialkritik etwa eines Franz von Baader oder eines Carl Vogelsang beschränkten sich diese Hoffnungen auf eine Wiederherstellung der stark idealisierten sozialen Ordnung des Mittelalters: Die Gesellschaft als eine große Familie, in der jeder „Stand" – Arbeiter, Handwerker, Bauern, Unternehmer –

seine Aufgabe zu erfüllen hatte. Konflikte zwischen Arbeitgebern und Arbeitnehmern seien in gemeinsamen Gremien einvernehmlich zu lösen. In ihrem Mißtrauen gegen jede staatliche Intervention, von dem schon die Rede war, grenzten die Katholiken die Beschäftigung mit den sozialen Verhältnissen auf Caritas ein – und nicht nur sie: Auch der Protestant Johann Hinrich Wichern, der Vater der „Inneren Mission", setzte auf eine „sittliche Wiedergeburt" und einen „in den Gemütern" beginnenden Ausgleich zwischen den verschiedenen Besitzständen, nicht auf Umverteilungspolitik oder Sozialgesetze. Man war damals eben allgemein ziemlich hilflos.

Allein der Aufbau dieses Netzes karitativer Organisationen war allerdings schon eine respektable Leistung – und mehr noch die langsam ins Bewußtsein der Christen dringende Erkenntnis, daß ihr Glaube mit den gesellschaftlichen und sozialen Verhältnissen zu tun hatte. Die teilweise sehr praktischen Forderungen katholischer Zirkel während der 48er Revolution sollte man dabei ebensowenig vergessen wie die Beispiele pragmatischer Zusammenarbeit zwischen Katholiken und Liberalen. Es waren christliche Politiker, die in der Folgezeit das später in der Weimarer Ära fest in den Gesetzen verankerte System staatlicher Sozialpolitik entwickelten, während die Sozialdemokraten alle diese „Reförmchen" als Augenauswischerei ablehnten. Und auch Kolping tat einen gewaltigen Schritt vorwärts, als er sich mit seinen durchaus auf die Veränderung von Lebensbedingungen und sozialen Barrieren gerichteten Projekten von der bloßen Mildtätigkeit absetzte. „Seine" Gesellen bekamen nichts geschenkt – außer einer Hilfestellung, sich *selbst* zu bilden und zu entwickeln.

Aber daß er so gar keine Antenne für die unerläßlichen gesellschaftlichen Umwälzungen hatte, tut seinen Freunden heute eben doch weh. Daß der Platz, den jemand in der Welt ergattert hat, grundsätzlich als „von

Gott verordnet" gelten soll, leuchtet uns ebensowenig ein wie seine ständigen Mahnungen, „genügsam" zu bleiben, nicht „in ungeordneter Gier über Stand und Stellung hinaus" zu streben.

Dann wieder hat er – Gott sei Dank – vehement gegen den Profitgeist in der modernen Wirtschaft gekämpft und den Unternehmern vorgeworfen, die Arbeiter zu „Hörigen der Fabrik" und „Sklaven" ihres Geschäfts zu machen. Besonders England, das an der Spitze des technischen Fortschritts marschierte, war ihm ein Dorn im Auge: Ein Land, das den „Gott der Industrie" derart anbete und den anderen Völkern mit seiner Kolonialpolitik „das Mark aus dem Gebein" sauge, werde noch sein blaues Wunder erleben, prophezeite der Hellseher Kolping.

Der scheinbare Widerspruch zwischen solchen Kraftsprüchen und seiner sonstigen Scheu vor konkreten politischen Aussagen und allem, was zu radikal klingen könnte, findet seine Auflösung, wenn wir uns Kolpings grundsätzliche Zielvorgabe genau betrachten: An einer *Gesinnungsreform* wollte er arbeiten, nicht an *Strukturreformen*. Statt immer neue Gesetze zu ersinnen und die gesellschaftlichen Machteliten auszuwechseln, müsse man die Menschen ändern, ihr Verhalten und ihren Lebensstil. Denn nicht die Gesellschaft forme den Menschen – das war der Hauptunterschied zu Marx –, sondern der Mensch bestimme die Gesellschaft.

Eine solche weise Selbstbeschränkung kann gewiß auch ganz schlicht der Beweis von politischer Trägheit sein, und die Frage ist legitim, ob Kolping denn wirklich mit bloßen Reparaturarbeiten am rostig gewordenen Funktionsmechanismus der Gesellschaft zufrieden sein konnte. Doch sollte man schon auch so fair sein und anerkennen, daß er mit seiner Ablehnung einer „Gesetzesmacherei, die nach irgendeinem voreingenommenen Plan, nach einer individuellen Lebensanschauung, nach abstrakten Theorien, oft nach Grillen an den zerfahrenen

Lebensverhältnissen modeln, richten, meistern und regieren will", wohl so unrecht nicht hatte. Daß es tatsächlich „sozialer Aberglaube" (Kolping) wäre, die Rettung der Welt allein von einer republikanischen Staatsform oder der Einrichtung von Suppenküchen zu erwarten, und daß sich der „rechte Geist" nicht mit Gesetzesparagraphen machen läßt. Veränderung durch Erziehung, durch Gewissensbildung – das war sein Weg.

Anfangs betonte er bei jeder Gelegenheit, der Gesellenverein solle die praktische politische Arbeit nur vorbereiten: „*Er will die bessere Zukunft möglich machen helfen*, indem er einen sehr wichtigen Teil der Sozietät beizeiten in die geeignete Pflege nimmt. (...) Wir müssen unsere bessere Zukunft *erziehen*." Doch im Lauf seines Lebens wurden ihm die Strukturreformen immer wichtiger. Soziale Leiden heilten nicht von selbst, pflegte er nun zu sagen.

Möglicherweise verdankte der „Gesellenvater" diesen Lernprozeß einem internen Konflikt im Verein: Ein Jahr vor Kolpings Tod hat nämlich sein Mitarbeiter Dr. Christian Hermann Vosen in den „Volksblättern" mit überraschender Deutlichkeit die Forderung nach umfassenden sozialpolitischen Gesetzen erhoben; das „Malheur" sei nun einmal da und „Reue und Gebet" allein könnten nicht mehr helfen. Vosen: „Offenbar unrichtig ist es also, wenn wir uns *heutigen Tages* allein auf das Anpreisen der Religion beschränken wollten, wo es sich um die Lösung der schlimmen Sozialen Frage handelt. Heilmittel, praktische Heilmittel müssen vorgeschlagen, beraten und ausgeführt werden, wo das Übel der wachsenden Massenverarmung vor unseren Augen immer grausenhafter fortschreitet. (...) Zum *Präservieren* ist allerdings die Religion das einzige und ebenso zum *Konservieren*, nicht aber zum *Kurieren*."

Das war natürlich knallharte Kritik an der bisher vom Generalpräses vertretenen Position. Kolping reagierte – ebenfalls in den „Volksblättern" –, indem er noch einmal die Selbstbeschränkung des Gesellenvereins einschärfte: Er stehe „dem Streben zu besserer Neugestaltung gewerblicher Verhältnisse nur *vorbereitend* zur Seite". Beobachten, sensibilisieren, erziehen – das sei seine Aufgabe.

Nur ein Jahr später, es war sein Todesjahr, äußerte sich Adolph Kolping dann aber in aller wünschenswerten Klarheit über die wahren Leidtragenden des mörderischen Konkurrenzkampfes zwischen den Fabriken: „Wenn aber die Herren Krieg führen, müssen die Untertanen darin bluten. Das bedrohte (...) ‚Geschäft' drückt naturnotwendig dorthin, wo der wenigste Widerstand zu erwarten ist (...) die Konkurrenz drückt auf den Preis, der Preis auf die Löhne, der arme Fabrikarbeiter mag sehen, wie er zurechtkommt. (...) In dem neuen Hörigkeitsverhältnisse fehlt jedes deutlich ausgesprochene anerkannte Rechtsverhältnis, und doch ist es eine unbestreitbare Wahrheit, daß soziale Fragen nicht bloß in Gnade und Barmherzigkeit, sondern nur in Gerechtigkeit und Barmherzigkeit gelöst werden."

Dieses Plädoyer für eine menschenfreundliche sozialpolitische Gesetzgebung liest sich wie ein Testament. Ein Dreivierteljahr nach Erscheinen war Kolping tot.

Ein Mensch an den Grenzen seiner Kraft

In seinem letzten Lebensjahrzehnt hatte er noch ein schwindelerregendes Reiseprogramm absolviert, als Generalpräses des Gesellenvereins – seit 1858 – die Generalversammlungen vorbereitet, Statistiken erstellt und mit seinen Mitpräsides eine ausgedehnte Korrespondenz über tausend Probleme geführt. Für seine Funktionen als Domvikar – Gottesdienst, Predigt, Teilnahme am Chorgebet in der Kathedrale – besoldete er zwar aus eigenen Mitteln und sehr zum Verdruß der Bistumsleitung einen Stellvertreter, aber nun mußte er den Kölner Weihbischof Baudri auf dessen Dienstreisen begleiten. Zu allem Überfluß war er auch noch in das geistliche Gericht der Erzdiözese eingespannt.

1861 trat er ganz von seinem Amt als Domvikar zurück und ließ sich das Rektorat der Kölner Minoritenkirche aufbürden, die der Gesellenverein seit zwölf Jahren als Vereinskirche benutzte. Das schien zwar zunächst eine geruhsamere Aufgabe zu sein, doch die notwendige Sanierung der heruntergekommenen Kirche – die so alt ist wie der Dom – strapazierte Nerven und Geldbeutel: „Ich bin ja zufrieden, wenn ich nur mit heiler Haut durchkomme", seufzte er in einem Brief an den berühmten Professor Eduard von Steinle – den letzten „Nazarener" –, den er mit der Ausmalung des Gotteshauses beauftragt hatte. Er beschwerte sich vielsagend über den „ganzen Kölner Klüngel" und schilderte die zeitraubende Bettelei um Spendengelder bei den kunstinteressierten Bürgern.

Die Geldsorgen rissen auch im Verein nicht ab. Seit Kolping 1852 mit der allen Bischöfen zugeschickten Broschüre „Für ein Gesellen-Hospitium" seine Programmbasis ergänzt und seine Idee gut geführter katholischer Herbergen als Alternative zu den sonst von Handwerksburschen frequentierten zweifelhaften Spelunken entwickelt hatte, schossen diese Häuser tatsächlich allerorten aus dem Boden. Und Kolping hatte immer wieder Gelegenheit, eines seiner überzeugendsten Talente anzubringen und sich als charmanter Schnorrer zu betätigen.

Derselbe Gott, der die Welt so herrlich eingerichtet habe, sinnierte er in der erwähnten Broschüre, könnte gewiß auch problemlos die 18000 Taler für das Kölner Gesellenhaus bezahlen. „Nun hat aber unser lieber Herrgott eine ganz absonderliche Art und Weise, derlei Dinge auf Erden zu zahlen (...) *Unserem lieben Herrgott sein Geld, das sitzt in deiner Tasche,* mein Bester, und seine Verwalter sind alle diejenigen, denen er seine irdischen Güter anvertraut hat." Denn wer habe sich schon sein irdisches Glück selbst geschmiedet; „wo hast du, mein Bester, denn das Arbeitszeug her, woher deine Kräfte, deine Gesundheit, Luft und Licht? Wer hat dir deinen Verstand gegeben, mit dem du Projekte machst?" Einer solchen Argumentation war schwer zu widerstehen.

Zeitungsartikel, Bettelbriefe, Antwortschreiben, Predigten, Konferenzen, Versammlungen, Verwaltungskram... „Das ist's grade, was mich herunterreißt", gestand er seinem Präseskollegen in Dortmund, „daß ich gar keine Ruhe habe und daß man mich nicht zu Atem kommen läßt. Der müßt' von Stahl sein, der's aushielte, und dann hielt er's endlich doch nicht aus. Der eine zieht mich hierhin, der andere dorthin, hier habe ich auch Kopf und Hände voll."

Eine Wander- und Hausordnung mußte erstellt werden, um das bequeme Herumvagabundieren zwischen den gastfreundlichen Gesellenhäusern zu verhindern. Ein „Wanderbuch" wurde entwickelt, das den „Gesellenschein" der einstigen Zünfte ersetzte. Manchmal glaubte der scheinbar so unverwüstliche Kolping, nicht mehr weiterzukönnen. Die Frau seines Freundes Mittweg, der er seine tatsächliche Seelenlage noch am ehesten anvertraute, hatte seinen „Volkskalender" bewundert und sich gewünscht, das „Herz" solle die Geschichten schreiben, um wiederum die Herzen erwärmen und begeistern zu können. „Aber hat das Herz auch immer diese Poesie auszugeben?" fragte Kolping bitter zurück.

„Wenn oft wilder Schmerz an diesem Herzen reißt, quälende Sorgen und stets wechselnder Kummer es belasten und nur hie und da die alte Freude aus demselben hervorbrechen will, um ebenso schnell wieder unter der Last der Arbeit unterzusinken, wo soll dann das arme Herz jene Poesie trinken, die es verklärend weiter spenden soll? Alle Welt macht Ansprüche an die Arbeit unseres Verstandes, an die Frucht des Nachdenkens, will feste, formulierte Urteile haben – so geht es Woche um Woche, Tag um Tag –, wer denkt auch nur daran, dem Herzen eine wirkliche Freude zu machen (...)?"

Dabei war Adolph Kolping seit 1854 ständig krank; wochenlang plagte ihn das Rheuma im Nacken, im Hinterkopf, dazu kamen fast chronische Zahn- und Gesichtsschmerzen, Erschöpfungszustände, eine immer wiederkehrende Grippe mit endlosen Hustenanfällen. „Es ist, als ob alle Schmerzen Versammlung hielten", schrieb er einmal aus dem belgischen Seebad Ostende nach Hause, wo er – vom Arzt mit größter Mühe überredet – in seinen letzten Lebensjahren regelmäßig kurte, im schlichten Häuschen eines Kapitäns. Über die frische Luft und die heilkräftigen Bäder äußerte er sich jedesmal dankbar wie ein Kind, das zum ersten Mal auf Erholung geschickt wird.

5

Glaube: Der Priester Kolping lebt, was er verkündet – die Menschenfreundlichkeit Gottes

„Weil der Mensch Gottes Ebenbild in sich trägt, liebt er; weil Gott die Liebe ist, findet der Mensch sein Ziel auch nur in Gott."
„Diejenigen, welche an Gott glauben, müssen dadurch auch an die Menschen glauben."

O ja, manchmal kam er schon in Versuchung, stolz auf „seinen" Verein, auf seine Aufbauleistung zu sein. Aber dann sei jedesmal der liebe Gott mit irgendeinem Verdruß dazwischengefahren, „daß dem mutwilligen Burschen der Kamm nicht zu hoch schwillt", vertraute Kolping seiner Briefpartnerin Antonie Mittweg an. Und dann kommt das schon zitierte erschütternde Bekenntnis: „Wie ich inwendig oft gekreuzigt werde, davon haben Sie, Gott sei Dank, gar keinen Begriff."

Sein Verhältnis zum Leiden verschafft uns vielleicht den intimsten Zugang zum Menschen Adolph Kolping, zum Zentrum seines tapferen Glaubens, zum Geheimnis seiner unwahrscheinlichen Menschenliebe. Körperliche Schmerzen und seelische Belastungen, die ständigen Sorgen um das Geld und die Zukunft des Gesellenvereins, der Neid mancher Amtsbrüder, Unverständnis unter den Mitchristen und wüste Angriffe von seiten der Kirchengegner, all das hat sein Leben oft genug verdüstert. In seinen Zeitungsmeditationen verbreitete er Woche für Woche fröhlichen Optimismus – und kannte doch selbst nagende Ängste und schwarze Verzweiflung. Oft sehnte er sich nach menschlicher Wärme, fühlte sich kreuzunglücklich und alleingelassen: „Da fehlt mir immer die helfende Hand", schrieb er seinem Freund, dem Abgeordneten Reichensperger. „Sonst kümmert sich niemand um mich, keine Menschenseele." Kolpings Briefe sind voller Klagen über seine Einsamkeit und die erdrückende Arbeitslast.

Aber im Gegensatz zu den meisten Menschen, die im Jammern über das eigene schwere Los eine ganz spezielle Befriedigung finden, blieb Kolping dabei nicht stehen. Bei der Lektüre seiner Briefe spürt man immer wieder, wie er gleichsam vor dem eigenen Lamentieren erschrickt, sich selber bei der Nase nimmt und zu einer vertieften Sicht der Dinge zwingt. Er schiebt das Negative nicht weg, kramt nicht nach der rosaroten Brille, um sich eine andere Realität zu zaubern. Er flüchtet auch nicht in den damals beliebten christlichen Masochismus, der eine elende Situation förmlich herbeiwünscht, weil das Kreuz die Nähe Gottes bedeutet; einem Jugendfreund erklärt er ganz nüchtern: „Wir brauchen zwar nicht gerade das Leiden zu suchen, aber was wir bekommen, das sollen und müssen wir uns christlich zunutze machen."

Das ist das ganze Geheimnis, das er in dem erwähnten Schreiben an Frau Mittweg in seiner bildhaften Art so umschreibt, die Leiden hätten ihn „weicher gesotten" und „Mitleid gelehrt". Die Prüfungen dieses Lebens dienten dazu, „damit das Heimweh nach der wahren Heimat sich schärfe", erläuterte er kurz nach ihrem Tod – und wenige Monate vor seinem eigenen Heimgang – ihrem Mann.

Nicht um eine Verdrängung oder Verkleisterung des Leids ging es, sondern um seine Verwandlung. Die Erfahrung menschlicher Grenzen als Hinweis darauf, daß dieses Leben nicht alles sein kann. Die Last unserer Armseligkeiten als Schutz vor Hochmut und als Erinnerung daran, wie sehr wir Gott brauchen und eine Kraft, die nicht aus uns kommt.

Nicht bloß von Liebe reden

„Es gibt keinen Menschen ohne Liebe", wußte Kolping, diese eigenartige Mischung aus nüchternem Realisten und hoffnungslosem Idealisten, denn die Liebe sei die Natur des Herzens, und deshalb werde der Mensch auch nicht nach seinem Kopf, sondern nach seinem Herzen beurteilt. Wenn wir uns Kolpings Umgang mit den Menschen genau betrachten, sehen wir uns plötzlich mit Jesus von Nazareth konfrontiert: Genau wie er kennt Kolping keine Berührungsängste. Genau wie er ist er ganz nah bei den Menschen, ganz präsent, ganz solidarisch. Er schaut die Menschen an, übersieht sie nicht, nimmt sie an und ernst, geht nicht auf Distanz, hält sich nicht vornehm bedeckt oder träge zurück. Wie Jesus hat Kolping Zeit, schenkt Vertrauen, macht Mut, gibt Hoffnung, mischt sich ein, packt zu.

Alles könne die Welt entbehren, pflegte er zu sagen, nur eines nicht, die Liebe, die wahre, richtige Liebe. Wer im Gesellenverein arbeiten wolle, der dürfe ihm deshalb nicht nur seine physischen und geistigen Kräfte widmen – das sei das Geringste –, sondern vor allem sein Herz. Kolping: „*Wer Menschen gewinnen will, muß das Herz zum Pfande einsetzen*. Sonstige Talente können die Menschen aufregen, im Sturme mit sich fortreißen, nicht fesseln, nicht gewinnen. Von daher in unserer Zeit so oft schnelles Zusammenlaufen und ebenso schnelles Zerfahren; viel Geschrei und wenig Wolle. Das Herz aber, die rechte Liebe muß sich bewähren in der Tat. (...) Wer den Menschen nicht zuerst geliebt, wahrhaft geliebt, hat kein Recht, das Herz anderer Menschen zu fordern (...)"

Kolpings Predigertalent hätte vielleicht ein paar Leute interessiert; was sie in Scharen begeisterte und an ihn band, war seine Liebenswürdigkeit, seine aufrichtige Zuwendung, seine Hingabe. Er war beileibe nicht der Typ des aalglatten Schmeichlers. Doch sogar wenn er wegen irgendwelcher Verstöße gegen die Vereinssatzung Kritik verteilt habe, berichtet sein Nachfolger als Generalpräses, habe er seine menschenfreundliche Güte nicht verleugnen können: „Aber die Liebe, die ihm tief im Herzen drinnen wohnte, leuchtete durch und nahm dem Tadel den bitteren Geschmack."

Eine gewinnende Herzlichkeit, warm, oft übermütig-verspielt, manchmal richtiggehend stürmisch, bestimmt seinen Briefstil: „Viellieber Konfrater!" überfiel er seinen Briefpartner Gisbert Lieber, immerhin Sekretär des Limburger Bischofs und Professor am dortigen Priesterseminar, weil der ihm von einem Bund junger Männer berichtet hatte, der ähnliche Aktivitäten wie der Gesellenverein unternahm: „Viellieber Konfrater! Man braucht nicht gerade den andern von Angesicht zu Angesicht zu kennen, um, je nachdem die Umstände sind, einen mit dem Kopf zu packen und ihm einen herzhaften Kuß zu geben. Da haben Sie einen von Köln aus und Gottes segensreichen Gruß dazu."

Besonders liebevoll schrieb er stets an die Familie seines Kölner Freundes Peter Michels, der ihm als wohlhabender Kaufmann und Gemeinderat so manchen Stein aus dem Weg geräumt hatte und im Vorstand des Kölner Gesellenhospitiums saß. Kolping interessierte sich für tausend Kleinigkeiten und hatte für jeden in der großen Familie ein aufmerksames Wort. „Gottes Segen sei tausendfach über Eurem Hause", schließt sein Brief. „Der Julius soll nicht zu viel studieren und der Ernst nicht zu toll sein, das Pöllchen aber die Geiß nicht totfüttern und die Fr. Elise sich über die Kälbereien des Gustav nicht ärgern."

„Gottlob", freute sich der Gesellenpfarrer in einem Schreiben an seinen einstigen Mitschüler Wilhelm Effenberger, Zollbeamter und im Kölner Verein als erfinderischer Poet geschätzt, „jetzt kriegt der ‚Willem' endlich eine Frau! Daß wir weidlichen Spaß gehabt, kannst Du denken, aber nur aus lauter Pläsier, daß Du endlich in den langersehnten Hafen einlaufen wirst. Denn daß Dich Deine Ida nimmt, daran zweifle ich keinen Augenblick

(...) Aber jetzt werde auch einmal ein richtiger anderer Mensch, Wilhelm, ein gemütliches, nachgiebiges, fröhliches altes Haus, aus dem die Liebe alles Spinngeweb, alte Mucken und Nucken, Kaprizen etc. etc. und was sich alles in einem alten Junggesell anhäuft, hinausfegt. Entweder geschieht das jetzt oder auch nie! (...) Nun grüße mir Deine Zukünftige, aber heirate ums Himmels willen in dieser Kälte nicht, sonst mag Dich kopulieren (die Ehe einsegnen, C. F.), wer Lust hat. Ich habe mir nämlich fest vorgenommen, ohne die dringendste Not in der Winterkälte nicht mehr zu reisen und – in der dringendsten Not bist Du doch noch nicht. Also nur gemach und gut Wetter abgewartet!"

Die vertraute Freundin Antonie Mittweg tröstet er galant in ihren Zahnschmerzen („Ob Sie einen Zahn mehr oder weniger haben, darauf kommt sehr wenig an. Sie können, wenn Sie nur wollen, auch ohne den Zahn gerade so liebenswürdig sein als mit demselben") und träumt mit ihr von einem ausgesprochen gemütlich eingerichteten Jenseits: Im Moment fühle er wenig inmitten der ganzen Plackerei. „Vielleicht kommt's, wenn ich mich hintennach in Ruhestand versetze, meine Pension verzehre als unbrauchbares Möbel und mit den Kindern Kurzweil treibe. Oder es kommt auch nicht und ich muß mich mühselig bis in den Himmel hinein plagen; nun, dann kommt's dort doch sicher. Dann wollen wir uns alle erst recht traulich zusammensetzen und den elenden Plunder auf der Welt da drunten von Herzen auslachen. Sie werden mich niemals fröhlicher gesehen haben als grade dann. Sollten Sie vor mir dort anlangen, was ja immer möglich ist, dann bitte ich, aus alter, guter Freundschaft mir den Stuhl zurechtzusetzen, damit ich mich recht bequem niederlassen kann. Sollte ich zuerst dort sein, was auch noch geschehen kann, (...) sollen Sie einen aparten Sessel erhalten mit Flügeln und Troddeln dran, daß Sie damit nach allen Weltgegenden kutschieren können, Sie reiselustige Frau Antonia."

Als Frau Mittweg von einer heimtückischen Krankheit gepackt wird, immer schwächer und hinfälliger wird, schreibt er ihrem Mann, seinem Freund Ernst, Brief um Brief, aufbauend, tröstend, mitfühlend. Rührend hilft er mit, Wein, Obst und Tee für die Kranke zu besorgen. Irgendwo hat er Wind von einem ganz besonders heilkräftigen Teerezept bekommen: „Wenn ich dem betreffenden Kerl es nur abschwätzen kann", bangt er in einem Brief an Ernst. „Ob ich wohl soviel List besitze?"

Der „Gesellenvater" redet weiß Gott nicht nur fromm daher, sondern riskiert mehr als einmal sein Leben, um zu helfen. Als Student hat er bereits einen ehemaligen Mitgesellen gepflegt, der die Pocken bekommen hatte. Der Patient starb, Kolping steckte sich an, überstand die Erkrankung jedoch. Zehn Jahre später, als die Cholera über Köln hereinbrach, dieselbe sture Entschlossenheit: Obwohl ihn alle vor der Infektionsgefahr warnten, ging Kolping im Bürgerhospital ein und aus, um zu helfen. Auf die Vorhaltungen erwiderte er nur: „So einen wie mich kann unser Herrgott alle Tage haben." Ein junger Protestant, den er pflegte, schrieb damals begeistert an seine Braut: „Ich läge schon lange unter dem Rasen, wenn ein gnädiges Geschick mich den guten Kolping nicht hätte kennen lassen."

„Das Christentum sind keine leeren Worte", sagt der umtriebige Gesellenpfarrer einmal, „sondern lebendige Handlungen. Üben wir's Christentum rechtschaffen untereinander, tun wir Gutes einander, helfe einer dem andern zum Guten, hüte einer den andern vor dem Bösen, dann wird's schon besser werden in der Welt." Dieser Priester ist deshalb absolut glaubwürdig, weil er lebt, was er predigt, weil er selbst herschenkt, was er fordert, und praktiziert, wovon er träumt.

„Predige anderen nicht, was du selbst nicht glaubst", rät er den Lesern seines „Volkskalenders", „sonst redest du in den Wind. Man glaubt dem Herzen mehr als dem Kopfe."

„Ich bin nie ein Held gewesen"

Der Gesellenverein werde die Soziale Frage natürlich nicht lösen können, gibt Kolping seinen Mitbrüdern 1863 in der Zeitschrift für die Vereinsvorstände zu bedenken, die er zwei Jahre vor seinem Tod zusätzlich zu all den anderen Belastungen gegründet hat. „Es wäre der Gedanke schon ebenso anmaßend als töricht." Aber in der Beschränkung auf einen bestimmten Stand könne man durch so einen Verein doch viel Gutes wirken und für die Zukunft arbeiten.

Nüchterne Sachlichkeit prägt das Engagement des Priesters Adolph Kolping. Er ist kein Salbader, ein sehr praktischer Sinn für das gerade Notwendige und ein gelassener Humor ersetzen bei ihm das große Pathos. Die zweifellos vorhandene Besessenheit von seinen Ideen paart sich mit Realismus. Kolping packt zu, wo Not am Mann ist, statt viel zu reden und kluge Analysen in Auftrag zu geben. Er hat den Mut zur Unvollkommenheit: Besser, ein Stückchen von der Welt zu verändern, als gar nichts zu tun. Anstrengen muß man sich, „daß wenigstens die trübe Zeit nicht durch unsre Schuld saurer wird".

Mit diesem Verzicht auf überhöhte Ansprüche verbindet sich eine realistische Selbsteinschätzung. „Das weiß ich, daß ich *nie* ein großer Held war", gesteht er an seinem 40. Geburtstag der Vertrauten Antonie Mittweg. Kein Mensch habe ihm gratuliert – „ob's nicht der Mühe lohnt? Mag auch sein; jedenfalls ist meine liebwerte Persönlichkeit nicht soviel wert, als ich mir einbilde. Unser Herrgott hat mich nie nötig gehabt, das ist ganz gewiß, und zum Gesellenpater hätte er jeden andern machen können, wenn er gewollt. Wer weiß, ob sich die Gesellen nicht noch viel besser dabei gestanden! Auch könnt' ich nicht sagen, daß ich grade durchaus nötig in der Welt wäre. Man würde auch ohne mich gewiß fertig, wenn man es mir auch jetzt nicht – und nicht ins Gesicht –

sagen mag. Also ist's in der Tat zweifelhaft, ob man mir grade Glück wünschen soll zu meiner Existenz, über deren wirklichen Wert ich selber nicht ins reine kommen kann."

Bloße Koketterie? Wohl kaum; zumindest ist es auffallend, wie oft Kolping diese Wendung gebraucht, den Gesellenverein könne ein anderer genauso gut führen. Bei einer Versammlung der Vereinsvorstände aus dem Land Baden in Freiburg hatte Kolping wieder eine seiner zündenden Reden gehalten; kaum war er fertig, schossen die Zuhörer förmlich von ihren Stühlen auf und brachen in ein donnerndes „Hoch Kolping!" aus. Es wird berichtet, der Generalpräses habe den Jubel sofort gestoppt und mit todernstem Gesicht erklärt: „Ich will kein Hoch. Wenn etwas Gutes an unserer Sache ist, so gebt dem da oben die Ehre. Ihm sei Lob und Preis in Ewigkeit. Wollt ihr aber für mich etwas tun, so spart eure Lungen und bete ein jeder heute abend ein Vaterunser für mich."

Kolping hatte auch keine Zeit, sich malen zu lassen; man solle sich lieber ein Kruzifix anschauen, beschied er die Herren vom Stadtgewerberat Mindelheim, die ihn um ein Porträt gebeten hatten. (Später ließ er sich dann doch überreden, sein Konterfei in Stahl stechen zu lassen – aber nur, um dem finanziell sehr schlechtgestellten Gesellenverein in seinem geliebten Elberfeld ein Heim zu finanzieren; die Stiche wurden unter der Hand für einen preußischen Taler verkauft.)

Einen Augsburger Lehrer, der ihm seine Bewunderung bekundet und neugierig um Informationen über seine Person ersucht hatte, verwies er auf die Plaudereien des Doktor Fliederstrauch und drohte in freundschaftlichem Ernst: „Machen Sie aus mir nicht mehr, als was Gott draus gemacht hat, sonst kommen Sie mit *dem* in Streit." Und als Papst Pius IX. seinen Freund, den Wiener Präses Gruscha, zum Geheimkämmerer ernannte und im Kölner Klerus Empörung laut wurde, daß der Jünger über den Meister gekommen sei und Kolping auf so eine

Auszeichnung bisher vergeblich warte, da nannte er die Unmutsäußerungen „lächerliches Zeug“ und freute sich herzlich mit dem ebenso bescheidenen Gruscha.

„Lachen ist mehr wert als die schärfste Predigt“

Eiserne Disziplin gehörte zu den Charaktereigenschaften des Schäferssohnes aus Kerpen, zielbewußte Hartnäckigkeit („Die Tüchtigkeit aber wird nicht spielend erworben und ist keine Frucht des Leichtsinns, sondern ernster und anhaltender Anstrengungen“) und der zähe Wille, sich abzurackern bis an die Grenzen körperlicher und geistiger Leistungskraft. Und doch ist dieses Energiebündel und Arbeitstier seinen Freunden als unbändig fröhlicher Mensch in Erinnerung geblieben, fähig zum Genuß und zum Feiern und immer bereit, sich selbst und die kleinen Herrgötter in seiner Umgebung auf den Arm zu nehmen. Seine Briefe, die in ihren ehrlichsten Passagen Verzweiflung, Depression und das ewige Leiden an der Einsamkeit verraten, stecken doch auch wieder voller skurriler Späße.

„Lieber Mayr!“ schreibt der Generalpräses Kolping im April 1859 aus Köln an seinen Münchener Amtsbruder Georg Mayr, „sintemalen die Zeit heranrückt, wo Ihr in München anfangt, *Bock* zu trinken, was eine gute Zeit ist, wie Du aus Erfahrung weißt, und sintemalen und alldieweil auch hier in Köln es Leute gibt, die gern einmal einen richtigen, unverfälschten Münchener Bock tränken – wenn sie ihn hätten, sintemalen Du aber im vorigen Jahre versprochen hast, uns einen solchen richtigen Bock besorgen zu wollen, derohalber wirst Du hiermit beauftragt, an meine Adresse zu Köln ehebaldmöglichst zwei bayerische Eimer richtigen Bock wohlversorgt und wohlverpackt auf dem schnellsten Weg, d. h. per Eisenbahn gelangen zu lassen, die Kosten für mich auszulegen und auf meine Rechnung zu stellen.“

Dem Mann, der so ernste Predigten halten kann, macht es augenscheinlich einen Riesenspaß, herumzualbern wie ein Schuljunge. Er hält es für ein böses Zeichen, wenn man irgendwo keine Lust mehr zum Singen hat, er läßt 1854 bei der Generalversammlung der rheinischen Gesellenvereine in Köln „Hänneschen" und „Bestevater" (Großpapa) und den Nachbar Tünnes auftreten, die ungeheuer populären Hauptfiguren eines echt Kölschen Stockpuppenspiels. Und es ist gar keine Frage, daß auch der Kölner Gesellenverein Jahr für Jahr sein Fastnachtskomitee hält und einen Karnevalszug organisiert – was laut Kolping freilich „anständiger" abläuft als bei der zahlreichen Konkurrenz.

Das alles ist eigentlich selbstverständlich, wenn man erstens im Rheinland lebt – auf seine rheinische Frohnatur ist Kolping überaus stolz – und zweitens ständig wie eine theologische Wahrheit verkündet, der Mensch müsse seines Glaubens froh werden können und die Freude komme aus der Geborgenheit in Gott. Kolping: „Wenn es Menschen gibt, die gegen die Lebensfreude überhaupt eifern, die alles in einen düsteren Sack voll Asche stecken möchten, denen das Jammertal der Erde noch nicht jämmerlich genug erscheint, so tut gerade niemandem die Freude mehr not als ihnen, um wieder Menschen unter Menschen zu werden."

So pflegt der Gesellenpfarrer den Griesgramen zu antworten, die ihm vorwerfen, in seinen Häusern gehe es so schrecklich ausgelassen zu und in einem christlichen Verein wäre mehr Ernst am Platz. Kolping denkt nicht daran, sich die Lust am von Gott geschenkten Dasein durch die oft so trostlosen Verhältnisse vermiesen zu lassen; durch Jammern werden sie nämlich auch nicht besser. Das Leben aber fröhlich und gelassen anzugehen, hat wenig mit Verdrängung und Verzuckerung zu tun, sondern bedeutet einen tapferen Entschluß, macht unabhängig vom Erfolgszwang und schenkt Kraft, die Dinge Schritt um Schritt zu verändern.

So gesehen, besitzt die Freude geradezu therapeutische Qualität – und mit einem verbiesterten Gemüt läßt sich nur schwer nach dem Evangelium leben. „Das Lachen aus heiterem Herzen", davon ist Kolping überzeugt, „ist mehr wert als die längste und schärfste Predigt."

Nur Engel haben keine Fehler

Offensichtlich hat ihm diese Gelassenheit auch geholfen, mit sich selbst barmherzig umzugehen, die eigenen Grenzen zu akzeptieren und sich *mit* allen Schwächen und Halbherzigkeiten von Gott geliebt zu wissen. Denn wenn er auch in seinen Briefen und Aufzeichnungen ziemlich kritisch über sich spricht, sich ein „schlechtes Möbel" im Haushalt Gottes nennt und fromme Hochstapelei vermeidet, so fehlen doch – zum Glück – die von vielen Heiligen bekannten selbstquälerischen Neigungen. Er kennt seine Schwächen, er versteckt sie nicht, er kämpft dagegen – und weiß doch, daß er nie ein Engel werden wird und auch gar nicht *muß*, weil Christus gekommen ist, um den schuldbeladenen *Menschen* Hoffnung zu bringen, nicht sie in Engel zu verwandeln. Wer das begriffen hat, braucht sich nicht zu verleugnen.

Daß er es nie geschafft hat, sich das Rauchen abzugewöhnen, ist von seinen Schwächen sicher die verzeihlichste, und auch seine endlosen Klagen über den Alltagsstreß machen ihn uns eher sympathisch. Ein bislang eher unbekannter, aber ebenfalls gewinnender Zug an Kolping ist sein Leiden an der fehlenden menschlichen Geborgenheit: Zärtlichkeit und Wärme vermißt er in seinem Leben wie viele Zölibatäre und jemanden, der seine Sorgen und Ängste wirklich mitträgt. Der Sohn des Lehrers Statz scheint so eine Kraftquelle gewesen zu sein: „Ein Freund, lieber Karl", schreibt ihm der 23jährige Gymnasiast im gefühlvollen Stil jener Jahre, „der (...) gern jeden Kummer mit uns teilt, die Tränen zählt, die unseren Augen entfließen, und, obschon nicht vermögend ist, uns zu helfen, doch mit sanfter, ausdauernder Hand die Furchen zu verwischen sucht, die sich in unsere Stirne graben, ein solcher Freund, mein Lieber, wiegt ein Königreich auf."

Doch die Freundschaft mit Karl Andreas Statz verliert im Lauf der Jahre an Intensität. Zum seelischen Zufluchtsort wird Kolping, wie wir schon wissen, die Familie Mittweg in Neuwied. Von Paderborn her kennt er die Schwester des Verlegers Ferdinand Schöningh, Antonie, die später den Kreisrichter Ernst Mittweg heiratet. Mit beiden verbindet den Gesellenpfarrer eine ebenso respektvolle wie familiäre Freundschaft; die Kinder nennen ihn zärtlich „Onkel". Den Mittwegs vertraut er seine Sehnsucht nach Nähe an, und ein Leben lang überschüttet er sie förmlich mit Dankbarkeitsbekundungen für das Stück Heimat, das er in ihrem häuslichen Kreis gefunden hat: „Hier voll Sorgen und Mühen, wo jedes Wort gewogen und jeder Schritt gezählt wird, innerlich sehr auf mich selber hingewiesen, wenn auch noch so viele Leute mir zugetan sind, bin ich bei Euch *daheim*, eine Wohltat, die niemand besser zu schätzen weiß als ich selber. Ich bin einmal nicht hart genug, gerade alles missen zu können und rein auf mich selber zu setzen."

Man sollte nicht immer nur den Heroismus besingen, mit dem der Theologiestudent Kolping auf seine Jugendliebe verzichtet hat. Man würde ihn besser kennenlernen, ließe man sich ernsthaft auf die Gewissensqualen ein, die ihm dieser Abschied offenbar bereitet hat, und auf die möglichen Folgen für sein Gefühlsleben. Ob seine späteren wütenden Ausfälle gegen die „Sinnenlust" damit zusammenhängen, gegen die „stinkende Sache" und „sittliche Pest" (Kolping 1859 in einer Artikelserie der „Rheinischen Volksblätter"), den „Vampir, der die Jugend aussaugt, daß nicht mehr starke Männer, sondern hohle, leere Schatten übrigbleiben"?

Menschliche Sehnsüchte, „Schwächen", die Kolping als blutvollen, impulsiven, verletzbaren Menschen zeigen. Erheblich mehr Schwierigkeiten bereiten uns da schon seine unduldsamen, aggressiven Züge, seine auch später noch durchbrechende kühle Abgrenzung gegenüber den Gescheiterten, Gestolperten, Unzuverlässigen – statt sie durch Vertrauen und Zuwendung zu gewinnen: „Ordentliche Leute, keine Ströppe" wollte er im Kölner Gesellenverein haben. Und in der Programmschrift steht die beinharte Forderung, der Verein müsse „Elemente" von sich fernhalten, „die seinem Geiste und seiner Würde geradezu zur Unehre gereichen müßten". Solches Elitedenken mutet einigermaßen seltsam an bei einem Unternehmen, das doch gerade zum Schutz der Gefährdeten gegründet worden ist.

Manchmal macht er es sich sehr einfach mit seinem Weltbild. In seinen schon erwähnten Unmut über den von Österreich geschlossenen Waffenstillstand mit Frankreich – tief enttäuscht darüber, daß Habsburg seinen „Weltberuf", die Verteidigung eines christlichen Gesellschaftsmodells und der Kirche gegen die revolutionären Umstürzler, so schmachvoll „an den Nagel gehängt" habe – bietet er für diese Laxheit die verblüffend schlichte Erklärung an: „Solange Österreich die Hurer und Ehebrecher nicht aus seinem Heere entfernt, so lange wird der Sieg seine Fahne fliehen und es sich beugen müssen unter der Hand seiner Feinde."

In der polemischen Auseinandersetzung mit konkurrierenden Weltbildern scheut er manchmal vor unfairen Mitteln nicht zurück: „Wenn mit liberalen Ideen geholfen wäre, hätten die schön denkenden Herren längst das Leben auf Erden zum Paradiese gemacht", höhnt er – ganz seinen sonstigen Realismus vergessend, daß die Veränderung der Zustände nicht im Handumdrehen zu schaffen sei. Überhaupt sind alle Revolutionäre für ihn grundverdorbene Existenzen: „Wo irgendein am Glauben bankrott gegangenes Subjekt sich findet", schimpft er los, „ein Spieler, ein Säufer, ein Lüstling, ein Religionsverächter: Alle vertreten das Recht der Revolution (...)"

Als hitzköpfiger Student hat er in Bonn gegen liberale Theologen und Zölibatsgegner gekämpft und dabei gezielt unter die Gürtellinie getreten: Der Kirchenrechtsprofessor Amman sei ja „mit seinen freisinnigen Ideen ganz verrückt geworden, so daß man ihn in einem Württemberger Irrenhause hat unterbringen müssen". Und das eigentlich respektvolle protestantische Echo auf seine Elberfelder Vereinsgründung veranlaßt ihn zu der gereizten Replik, von den bestehenden evangelischen Jünglingsvereinen habe man allenfalls gelernt, wie man es nicht machen dürfe.

Überhaupt sein Verhältnis zu den Protestanten! Sie dürfen zwar Mitglieder im Gesellenverein werden, aber er reibt ihnen doch genüßlich unter die Nase, daß es bei ihnen im Grunde „keine Kirche" gebe – „was man so nennt, ist der verunglückte Versuch des Menschen, einer selbstgemachten Puppe Leben einzuhauchen". Dem Protestantismus – für Kolping ein Konglomerat verschiedenster Ansichten mit einem düsteren Frömmigkeitsklima – fehle „Ruhe und Sicherheit" in Glaubenssachen. Deshalb seien protestantische Vereinsgründungen auch zwangsläufig zur Erfolglosigkeit verdammt, weil die getrennten Brüder unfähig zur Einigkeit untereinander seien und keine Stetigkeit vermitteln könnten...

Auf solchem Boden konnte freilich keine ökumenische Offenheit wachsen; aber die gab es zu Kolpings Zeit nur bei ganz wenigen ungewöhnlich aufgeschlossenen Pfarrern und Theologen. Man darf auch nicht die provozierende Bevorzugung des protestantischen Bevölkerungsteils im damaligen Preußen übersehen, die nicht unbedingt das Klima eines sanften Dialogs förderte. Im übrigen zeigt sich der zunächst so schroff formulierende Kolping auch in diesem Punkt lernfähig. In späteren Jahren verbindet er die Absage an eine Polemik, „die Gelächter erregt, die Abneigung gegen Personen nährt", mit der Aufforderung, die eigene Überzeugung um so einladender zu leben: „Die Leute sollen positiv gefestigt werden zur freudigen Übung ihres Glaubens", wünscht er sich 1855, „und so, daß sie wohl imstande sind, ihn zu rechtfertigen, nicht angereizt, andere anzugreifen".

Noch prägnanter ist die neue Parole ein Jahr später im „Wanderbüchlein" für die Vereinsmitglieder formuliert: „Verspotte und verachte keinen Menschen, der einen anderen Glauben hat als du. Hüte dich vor Disput und Zänkerei über Glaubenssachen. Sorge vor allen Dingen, daß du in deinem eigenen Glauben immer fester begründet wirst und ihn immer treuer übst."

1861 schließlich freut er sich, daß mit den wachsenden sozialen Gefahren die „christlichen Herzen" fühlbar zusammenrücken, um rettend zwischen die Trümmer zu treten. Die Erfurter Versammlung protestantischer und katholischer Laien ist gerade vorüber, und Kolping ist ganz begeistert von der Gemeinsamkeit im Beten und der „Ahnung der kommenden Versöhnung". Verhältnismäßig respektvoll und tolerant äußert er sich übrigens auch über die Juden, an denen er die strenge Heilighaltung des Sabbats bewundert und die zwar keine Vollmitglieder des katholischen Gesellenvereins sein dürfen, aber immerhin „geduldet" werden sollen – freilich nur, wenn die anderen Gesellen einverstanden sind. Auf das Klischee von den „geborenen Spekulanten" will auch Kolping nicht verzichten; unter den Fabrikanten, denen er hemmungsloses Profitdenken und blutsaugerischen Umgang mit Handwerkern und Arbeitern vorwirft, sind ihm wohl auch etliche Juden begegnet.

Der arme Christus schafft eine neue Erde

Der Mensch, wie ihn Adolph Kolping sieht, ist „ein mit Dornen gekrönter König auf Erden", schwach, wankelmütig, immer in Gefahr, abzustumpfen und sich im Rennen nach ein bißchen Macht oder Vergnügen zu verlieren – aber eben „doch noch ein König, wenn er auch noch so lumpig aussehen mag". Von Gott geliebt und begleitet, kann er immer noch gerettet werden und zur wirklichen Freude finden – wenn er sich nur retten *läßt* und begreift: Ohne Gott wird das Leben banal.

Kolping 1851 in der Vereinsbeilage des „Rheinischen Kirchenblatts": „Nicht wahr, lieber Leser, du bist doch nicht gerade ein bloßer Fleischklumpen, der aufs blinde Ungefähr durch die Welt herumkugelt, dem's genug ist, wenn er eben Speise und Trank zur Genüge auftreiben kann, sich nach gehabter Mühe des Tages dem notwendigen Schlafe überläßt und mit stumpfer Gleichgültigkeit dem Tage entgegensieht, wo er den letzten Seufzer aushaucht, um wieder in den Staub gescharrt zu werden, aus dem er genommen worden ist? Jawohl, du hast eine lebendige Seele in deinem Leibe, oder vielmehr du *bist* eine lebendige Seele (...) Ein unsterbliches Wesen, eine Seele, die in Ewigkeit fortdauern soll und muß! Setze dich nur ruhig hin und schaue dir das inhaltschwere Wort an: *Du bist für die Ewigkeit da.*"

Deshalb findet alles Glück auf dieser Welt sein Zentrum in der Liebe zu Gott. Es ist ein persönlicher Gott, den Kolping verkündet, leidenschaftlich interessiert an seinen Menschen, mit ihnen leidend und kämpfend – kein namenloses Etwas in weiter Ferne. Wie dieser Gott in Jesus von Nazaret berührbar wurde und kompromißlos unser Fleisch annahm, darüber meditiert der 23jährige Kolping in seinem Tagebuch in einem zärtlich-begeisterten Stil:

„Unter Menschen lebte er, in geringer, verächtlicher Hülle, helfend, wo Hilfe nötig war, ratend überall (...)" In dürftigem Gewand, aber mit Gottes Geist begabt, sieht man ihn die Wahrheit verbreiten, „hier dem Blinden das Gesicht, dort dem Tauben das Gehör, dem Lahmen grade Glieder schenken, (...) sieht ihn der Herzen tiefen Grund durchschauen, ernst und groß und liebevoll mitten durch ein Heer von Feinden gehn, die ihn endlich in blinder Wut zum Tode schleppen, und er sie noch segnen (...) in seine Fußstapfen treten alle, die es redlich mit sich, ihren Brüdern und der ewigen, unwandelbaren Wahrheit meinen. (...) Gleichsam eine neue Erde, bevölkert mit neuen Geschöpfen, erstand auf dem Kreise menschlichen Wissens, und immer noch, durch menschlichen Irrtum und Wahn hindurch, steht Er in der nämlichen Würde und Erhabenheit da, mit der Er unter den Menschen erschien, und so wird es bleiben in Ewigkeit."

Weil der Mensch Gottes Ebenbild ist, fühlt er sich zur Liebe gedrängt; die Barmherzigkeit macht den Menschen Gott ähnlich. Deshalb gibt es keinen Glauben an Gott ohne die Sorge um die Menschen: „Unser Glaube an Gott", bekennt Kolping, „hat uns den Glauben an die Menschen, auch selbst in ihrem Elende, erhalten, und je mehr wir diesen Glauben übten, um so größer ist er gewachsen." Enttäuschungen, Ausgenütztwerden, Treulosigkeit und gemeinen Verrat erlebt der Christ wie jeder Mensch – aber sein Glaube kann ihm die Kraft geben, dennoch die „Barrikaden um sein Herz" (Kolping) niederzureißen und die Verhärteten in seiner Umgebung durch Vertrauen und Verzeihenkönnen zu gewinnen.

Darum wirbt der „Gesellenvater" so hartnäckig um Verständnis dafür, *warum* manche liederlichen Handwerksburschen so heruntergekommen sind. Darum schreibt er sich die Finger wund, um – bei aller sonstigen Zeitgebundenheit seiner Ehevorstellungen – für eine partnerschaftliche Beziehung zwischen Mann und Frau zu werben. Darum empfiehlt er gegen die Irrtümer und Mißstände in der Welt vor allen gescheiten Reden und Aktionen die leise Kraft der Liebe: „Sie bohrt gleichsam den Irrtum mit der Wurzel aus; denn sie zielt direkt aufs Herz; indem sie fremdes Leid, fremden Kummer auf sich ladet, hebt sie die Leidenden und Beladenen inwendig in die Höhe und zündet im erleichterten Herzen ein Licht an, daß dem armen Menschen die Augen heller werden und er Dinge sieht, die er niemals gesehen, und was er gesehen, anders beurteilt, als ihm jemals eingefallen."

Damit das Leben nicht banal wird

Adolph Kolping war zweifellos ein charismatischer Mensch von ungewöhnlicher innerer Kraft und Ausstrahlung auf seine Umgebung. Wir wissen freilich von keinen besonderen spirituellen Methoden oder Selbsterfahrungstechniken, mit denen er sich eine so souveräne Persönlichkeit geformt hätte. Kolpings stärkste Kraftquelle waren ein fast schon naives Gottvertrauen und eine ganz schlichte, aber intensive Art des Betens – keine Pflichtübung, sondern aus dem Bedürfnis geboren, mit einem Freund zu reden.

„Gott wird sorgen", ist seine ständige Redensart, und: „Wer sich an Gott hält, den läßt er niemals fallen." So weit der Arm dieses aufmerksamen, zärtlichen Gottes reiche, sei der Mensch niemals verlassen. Kolping legt sich die Welt keineswegs mit irgendwelchen frommen Illusionen so zurecht, daß sie in seinen Katechismus paßt; sein Glaube ist ein recht nüchterner: „Da, wo ich durch eigene Tätigkeit und Anstrengung das, was ich für gut oder wünschenswert halte, erreichen kann, ist mein Gebet in der Regel sehr kurz und bündig. Die Sache wird Gott befohlen, gelingt sie, gut, gelingt sie nicht, von neuem angesetzt, und will sie Gott nicht, auch gut, denn der will's dann nicht haben, basta! Aber wo ich eigentlich nichts direkt tun kann, z. B. Leiden und Unglück von denen fernhalten, die meinem Herzen nahestehen, da wird gebetet, und zwar so recht eigentlich ohne Unterlaß. Ich weiß aus Erfahrung, wie weit man damit reichen kann."

Gott ist für ihn nicht der große Zauberer, der dem Menschen die Arbeit abnimmt und Niederlagen erspart. Bezeichnend sein gern gebrauchter Briefschluß: „Hilf beten, daß Gottes Wille an uns und *durch uns* geschehe!" Aber wenn der Mensch sich anstrengt und das Seine tut, dann darf er die Zukunft vertrauensvoll in Gottes Hände legen; „dann laß nur getrost kommen, was kommt, und wenn die Welt über deinen Kopf einstürzte oder dich die Menschen samt und sonders im Stich ließen, unglücklich, so recht eigentlich und rechtschaffen unglücklich kannst du gar nicht werden. Das läßt unser Herrgott dann gar nicht zu." Schließlich habe Gott nicht nur die Alpen aufgetürmt und den Ozean ausgegossen, sondern auch die Pfade gezeigt, die über die Berge führen, „und das Holz leicht gemacht, daß es auf dem Wasser schwimmt", argumentiert Kolping mit schwer zu widerlegender Logik.

Aus diesem Vertrauen wächst der Elan, mit dem sich der Gesellenverein gegen alle Widerstände ausbreitet, und plötzlich erscheint Kolpings verwegene Parole ganz selbstverständlich: „Der Mut wächst, je größer die Hindernisse sind." Denn was soll jemand schon passieren, der sich in Gott geborgen weiß! „Die Zukunft gehört Gott und den Mutigen", weiß der Gesellenpfarrer, der auf die „gallsüchtigen Schwarzseher" zeitlebens schlecht zu sprechen ist und vor der meist recht bequemen Resignation des Zynikers warnt: Das Menschenleben sei nie ganz schwarz oder verdorben, sondern bloß geprägt vom Konflikt der verschiedenen Elemente.

Deshalb lohnt es sich in jedem Fall, die Herausforderung anzunehmen und zuzupacken, wo die Not schreit. „Zum Schlafen sind wir nicht geschaffen, sondern zum Arbeiten", fordert er von seinen Leuten und stellt – 1855 bei der Einweihung des Münchener Gesellenhauses – klar: „Glaubt nicht, meine Lieben, daß wir solche Menschen wollen, die sich hinsetzen und Rosenkränze beten und dann mit ihrer Pflicht versöhnt sind. Von einer solchen Frömmigkeit wollen wir nichts wissen, das heißt, beten wie Christen wollen wir, aber auch arbeiten; denn dafür hat unser Herrgott die Kräfte gegeben, und wenn man dieselben faul werden läßt, so werden sie auf einer Rechnung stehen, die man nicht mehr tilgen kann."

Der vermeintlich erzreaktionäre „Gesellenvater" predigt alles andere als ein Vertröstungschristentum. Überdies liegt in seinem heiligen Respekt vor der Religion, die dem Leben das Licht und dem Menschenherzen die einzig verläßliche Orientierung bringt, der beste Schutz vor einer Manipulation des Glaubens für allzumenschliche und machtpolitische Interessen. Die Religion müsse den Menschen „regieren", mahnt er immer wieder, „nicht soll der Mensch mit ihr tun nach seinem Belieben".

Ohne die Sehnsucht nach dem ganz Anderen aber versinkt das Leben in die sprachlose, banale Alltäglichkeit, gibt es keinen Trost für die Leidenden, ist mit dem Tod alles aus, kann es nichts Ganzes, nichts wirklich Geglücktes mehr geben. Kolpings Abneigung gegenüber der bloß „weltlichen Humanität", wie er sagt, hat einen sehr ernsten Hintergrund, ist mehr als die Berührungsangst des katholischen Gettobewohners. Wenn es keinen liebevollen Schöpfer der Welt mehr gibt und bloß irgendein Naturgesetz oder blindes Schicksal, das die Urstoffe der Welt zusammenwarf, dann ist alles nur ein ewiges Entstehen und Vergehen, eine flüchtige Erscheinung, die keine Spuren hinterläßt...

„Dann bin auch ich – was?" lautet die bange Frage des Gymnasiasten Kolping in seinem Tagebuch. „Ich weiß es selbst nicht, eine Pflanze vielleicht, ein Ding, das sich um sich selbst dreht und in sich selbst zusammensinkt, um der Keim zu einem neuen Geschöpfe zu werden. Jetzt bin ich, wo es dunkel um mich geworden ist, eine Nacht, vor der mein Herz ergraut (...)" 24 Jahre später gibt er seinen Gesellen zu bedenken, ohne Gott laufe der Mensch hilflos in der Welt herum wie in einem „Narrenhaus", in seinem Horizont beschränkt wie ein Tier auf das, was gut schmeckt und weh tut; „wir wüßten von dem, was über uns ist, von dem eigentlichen Zweck unseres Daseins, wie die Welt, die wir um uns sehen, zustande gekommen, was der Ausgang all dieser Dinge sein werde, kurz von der ganzen Welt der Seele nichts, gar nichts, tappten zeitlebens im Dunkeln, plagten uns mit leeren Träumen ab. Die Menschheit wäre ein gecker

Haufen sinnloser Affen, die Weltgeschichte ziel- und planlos, und das Gescheiteste wäre, sobald nicht alles nach Wunsch ging', das trübe Lebenslicht je schneller um so besser auszublasen."

Nein, die Menschenseele kann nicht leben ohne das Licht, das von Gott kommt, und ohne die Wärme seiner Liebe. „Die Herren Politiker, Diplomaten und Weltverbesserer, wieviel sie auch an menschlichen Zuständen herumflicken und ihre kluge Wissenschaft als die Universalmedizin für alle Weltgebrechen anpreisen, haben bisher wenigstens den eigentlichen wunden Fleck im Herzkämmerchen noch nicht gefunden, ebensowenig das wunderbare Heilkraut, das diese Wunde schließt", stellt er sarkastisch in seiner Neujahrsbetrachtung 1857 in den „Volksblättern" fest. Auch das „hoch- und breitgestirnte Volk der Gelehrten" habe „dem armen, sehnsüchtigen Menschenherzen noch nicht einmal an den Puls gefühlt". Der Mensch müsse zu einem anderen Doktor gehen: „Ja, dein Herz, guter Freund, ist darum krank, weil du es gleichsam aus dem Herzen dieses heilenden Freundes herausgezogen und dadurch zerrissen hast. Du wirst von der Sehnsucht geplagt, weil sonst nirgend Ruhe ist als bei ihm, und alle deine Hoffnung mitsamt ihren Wünschen verläuft sich endlich ins leere Nichts, wenn dein Herz nicht ihn ergreift und sich mit ihm aufs innigste befreundet. Du mußt zu Gott zurück (...)"

Nur Christus kann die kaputte Welt ganz und den kranken Menschen gesund machen, deshalb gilt es nicht nur an gesellschaftlichen Strukturen herumzukurieren, sondern das Menschenherz zum Himmel zu weisen. Der Sozialreformer Kolping bleibt doch immer Seelsorger, absolut treu seiner Kirche, die für ihn nie aus der Liebe Gottes herausfallen kann und die einzige Macht auf der Welt ist, die wirklich tröstet und Gottes Barmherzigkeit garantiert. Je ärmer und hilfloser diese Kirche auftreten wird, um so mehr wird die Welt einsehen, daß Gott mit ihr ist. Die Kirche muß allerdings näher zum Volk: „Soll das Volksleben kirchlicher werden, muß das kirchliche Leben volkstümlicher werden."

Kolpings tiefstes Geheimnis

Worin lag das Erfolgsgeheimnis dieses zweifellos scharfsichtigen, aber schlichten und in seinen Ansichten oft quer zum herrschenden Trend liegenden Priesters?

Vordergründig betrachtet, wohl vor allem in seiner geschickten Verknüpfung von Vereinsautarkie und Anbindung an die Großorganisation Kirche. Die Vereine wurden – in allem Respekt vor dem Präses, dem geistlichen Beistand – von den Gesellen selbst geführt, um eine klerikale Gängelei zu verhindern. Die hier praktizierte Achtung vor dem einfachen Laien sollte in der Kirche noch eine Pionierwirkung entfalten! Das abschreckende Gegenbeispiel beobachtete Kolping mit Sorge in Frankreich: Der reformerische Elan der „Arbeiterklubs" verpuffte schnell, weil diese Initiativen von allzu selbstbewußten Adeligen geleitet wurden und die „Betreuten" selbst dort herzlich wenig zu sagen hatten. Vergeblich forderte Kolping zu Korrekturen auf; er wurde nicht verstanden. Die „Arbeiterklubs" waren nach wenigen Jahren am Ende.

Die in den Gesellenvereinen Gestalt gewordene Kirche war eben keine gönnerhaft volkstümliche Seelsorgeveranstaltung, sondern tatsächlich aus dem Volk gewachsen. Deshalb hüteten sie sich auch erfolgreich vor der Versuchung, zu einer sektiererischen, getto-ähnlichen Gemeinschaft zu entarten. Kolping („Gottes Arm reicht weiter, als wir denken können") hatte immer von einer einladenden, großzügigen Kirche geträumt, die Menschen sammelt und allen von Gott erzählt, seine Geduld nachahmend und ausgerüstet mit einem langen Atem: „Was hienieden nicht klar wird, das wird jenseits um so heller werden (...)"

Auf der anderen Seite war die Organisation des Verbandes auf der Basis der Diözesen eine geradezu hellseherische Leistung, schweißte sie doch die einzelnen Gesellenvereine eng mit den jeweiligen Bischöfen zusammen und nahm die künftige Struktur des ganzen katholischen Verbandswesens vorweg. Das sind freilich eher äußere Gründe für den Erfolg der Kölner Idee. Blickt man tiefer, so wird man Kolpings eigentliches Geheimnis in seiner überzeugenden Verbindung von Evangelisation und Weltdienst entdecken (eine Formulierung von Kolpings Nachfolger im Amt des Generalpräses, Heinrich Festing). Die „kleinen Leute" begriffen das genausogut wie die hohen Herrschaften in Wien (Kaiser Franz Joseph I. erschien 1863 überraschend bei einer Sonntagsversammlung des dortigen Gesellenvereins), Dresden und sogar Berlin.

Während Kölns führende Kirchenkreise den umtriebigen Organisator noch immer mit eher reserviertem Wohlwollen betrachteten, wurde ihm von der römischen Kirchenspitze lebhaftes Interesse zuteil. 1857 hatte er Papst Pius IX. eine durchaus selbstbewußte Bilanz geschickt: Der barmherzige Gott, der sich mit dem heiligen Joseph selbst einen Handwerker zum „Nährvater" gewählt habe, stehe dem Werk offensichtlich mit seinem Segen bei, so daß die Vereine bereits für 20000 Gesellen zu sorgen hätten. Der Papst bekundete seine „nicht geringe Freude" an diesen Informationen und bescheinigte Kolpings Verband einen „wahrhaft versöhnenden Sinn".

Im Sommer 1862 wurde der mittlerweile zum Päpstlichen Geheimkämmerer ernannte „Gesellenvater" zweimal vom Papst in Privataudienz empfangen und bekam als Zeichen der Hochachtung ein reich mit Gold besticktes Meßgewand aus seiner Privatkapelle geschenkt; es befindet sich heute in der Kölner Minoritenkirche und wird bei festlichen Gelegenheiten noch getragen. Kolping war überwältigt von der Herzlichkeit, mit der ihm der Papst begegnete; sein Freund und Begleiter, der Wiener Präses Gruscha, berichtete später: „Kolping, der Mann, dem nie das Wort versagte, kniete sprachlos da, sich wie ein Kind herzlich ausweinend und sein Antlitz in den Falten des Gewandes des Heiligen Vaters bergend, vor der höchsten kirchlichen Autorität auf Erden."

Anlaß dieser Romreise wenige Jahre vor seinem Tod war die Heiligsprechung japanischer Märtyrer, zu der Pius IX. mehr als 300 Bischöfe aus aller Welt eingeladen hatte – eine trotzige Demonstration nach der politischen Einigung Italiens und dem teilweisen Verlust des Kirchenstaates. Auch unter Katholiken war dieser 18000 Quadratkilometer umfassende Rest einstiger politischer Macht umstritten gewesen; er hatte das Papsttum unabhängig von irgendwelchen Schutzherren gemacht, aber auch seine geistliche Kraft beeinträchtigt. Wirtschaftlich war das Gebilde ohnehin nicht mehr konkurrenzfähig gewesen.

Vor diesem Hintergrund goß Kolping die Eindrücke seiner Romfahrt in eine 28 Folgen umfassende Artikelserie für die „Rheinischen Volksblätter", um die päpstliche Politik leidenschaftlich zu verteidigen. Ganz auf der Linie der Kurie, die Kritik an der weltlichen Herrschaft des Papstes mit schweren Kirchenstrafen bedrohte, stellte Kolping lapidar fest: Wer die politische Macht des Papstes angreife, der greife das Christentum selbst an. „Halte aus, Heiliger Vater!" so rief er nach Rom. „Wir stehen zu dir bis auf den letzten Mann, unser Herz, unser Glaube, unsere Treue ist mit dir!" Zum „Bettler" habe man die höchste Instanz von Wahrheit und Recht auf Erden gemacht, stellte er fest, Mitleidseffekte mit dem römischen „Martyrer" geschickt nutzend und begeistert die pompösen päpstlichen Auftritte schildernd:

„In gemessenem Trabe kommt eine Truppe Nobelgardisten vorauf, dann wird der prächtige Wagen des Papstes, gezogen von sechs glänzend schwarzen Rossen mit vergoldetem Geschirr sichtbar. Ein Gemisch jubelnder Stimmen, Tücherschwenken und Hutwinken geht vorher, dann beugt sich der Menschenschwarm an beiden Seiten der Straße, sowie der päpstliche Wagen vorüberfährt, zur Erde, Alles fällt in die Knie, um den Segen des Vaters der Christenheit zu empfangen. (...) Es sieht aus, wie wenn der Wind über blühende Kornfelder streift und in laufenden Wellen die Ähren sich niederneigen und erheben, so neigt und erhebt sich die Volksmasse den Weg entlang. (...) Und in die Knie sinkt jeder, wer er auch sei, und wahrlich, es steht dort nicht bloß gemeines Volk herum, denn es liegt in dem Nahen des Stellvertreters Christi, in der Erscheinung des Heiligen Vaters ein Etwas, das geradezu überwältigt." Besonders die donnernden Rufe „Eviva il Papa-Re!" (Es lebe der Papstkönig!) haben Kolping gefallen; er versteht sie als „Protest gegen das liberale Geschrei vom ‚einigen Italien'".

Der grausame Kampf gegen den Tod

„Wie lange wird's noch währen, bis der Feierabend kommt?" hat Kolping zu seinem 50. Geburtstag 1863 an den Freund Gruscha in Wien geschrieben. Der Humor ziehe sich allmählich zurück und das Haar werde grau. In den Briefen aus diesen letzten Lebensjahren finden sich immer häufiger Gedanken ans Sterben und regelrechte Todesahnungen.

Der Gesellenpfarrer, der nie ein richtig gesunder Mensch gewesen ist, hat sich für seine Vision buchstäblich aufgearbeitet. Ohne Rücksicht auf die eigenen Grenzen hat er gerackert und geschuftet, bis die Kräfte verbraucht waren. Aber Kolping verlischt nicht langsam wie eine Kerze. Er kämpft einen grausam langen Kampf gegen den Tod. Die Warnsignale hat er nicht wahrnehmen wollen; zu viel war noch zu tun. Schon 1861, als der mörderische Bluthusten seiner Studentenzeit wiedergekehrt war, hat ihm der Arzt alle öffentlichen Reden verboten.

Aber der von seiner Idee Besessene läßt sich nicht

bremsen. Er gründet Vereine in Frankfurt, Stuttgart, Chur, Luzern, Basel, er weiht ein Gesellenhaus in Kempten ein, und als ob er nicht schon genug zu schreiben und zu redigieren hätte, produziert er jetzt auch noch ein Blatt mit internen Mitteilungen für die Vereinsvorstände. Viel Dank hat er nicht dafür geerntet; wieder muß er die Hälfte aller Beiträge selbst verfassen. Bitter enttäuscht droht er in der letzten Ausgabe vor seinem Tod, jene Abonnenten, die nicht einmal die paar Pfennige Bezugspreis pünktlich zu zahlen imstande seien, im nächsten Heft namentlich aufzuführen...

Im Herbst 1864 kann er noch die erste internationale Generalversammlung der Diözesanpräsides in Würzburg leiten. Alle Bitten, sich zu schonen, schlägt er in den Wind: „Solange der alte Gaul nur ziehen kann", wolle er den Karren weiter schleppen. Besorgte Fragen, was wohl aus dem Gesellenverein werde, wenn „Vater Kolping" nicht mehr da sei, lassen ihn erst recht kalt. „Wissen Sie, was aus einem gesunden Kölner Jungen wird, wenn sein Vater stirbt?" erwidert er einmal resolut so einem Skeptiker: „Dann wird der größer, älter und ein Mann!" Penetrant wichtig hat er sich nie genommen.

Die Todesahnungen werden indes immer bedrängender. Im Juni 1865 – gerade hat er eine schmerzhafte Gelenkentzündung im rechten Arm überstanden,die ihn wochenlang am Schreiben hinderte und die Ärzte schon an eine Amputation denken ließen – zieht er für die Leser seines „Volkskalenders" Bilanz: „Solange ich gekonnt, habe ich gearbeitet; wird's Feierabend früher als du gedacht, nun, in Gottes Namen."

Bei der Generalversammlung der katholischen Vereine Deutschlands spricht er am 10. September 1865 noch einmal im Trierer Gesellenhaus. Eine Woche später überfällt ihn das Herzasthma so stark, daß er zu ersticken fürchtet. Dennoch schleppt er sich tags darauf zur Einweihung des erweiterten Gesellenhauses in Köln – ein Bau, der ihn schlaflose Nächte gekostet hat. Mit versagender Stimme hält er seine letzte Ansprache. Die Anfälle wiederholen sich in den nächsten Wochen; es ist, als ob der Tod mit steigender Wut gegen den zähen Lebenswillen dieses Menschen anrennt, ihm mit kaum erträglichen Schmerzen und Demütigungen die Zustimmung zum Sterben abringen will.

„Für die Umgebung", so berichtet Kolpings Stellvertreter Wilhelm Flücken, „war es ein erschütternder Anblick, den sonst so rüstigen und lebenskräftigen Mann plötzlich mit gebrochener Kraft und in Notschweiß gebadet, hilflos und mit stummer Ergebung Nächte lang dasitzen zu sehen." Bald ist er nicht einmal mehr zum Brevierbeten fähig.

Doch das Schlimmste steht noch bevor. In den letzten Tagen kann er wegen der erbarmungslosen Asthmaanfälle nicht mehr liegen. Man setzt ihn auf einen Sessel und baut vor ihm eine kunstvolle Stütze auf: ein Tischchen, vollgepackt mit Kissen, so daß er den Kopf – der die schmerzende Brust nicht berühren darf – ein wenig vornübersinken und ausruhen lassen kann.

Am Ende ist nicht einmal diese winzige Erleichterung mehr möglich. Aufrecht, die Arme an den Stuhl gebunden, zu keiner Veränderung der Körperstellung mehr fähig, wartet er wie ein Gekreuzigter auf das Sterben, das er jetzt herbeisehnt. Der erlösende Tod kommt am 4. Dezember 1865, nachmittags um zwei Uhr. Überraschend richtet Kolping sich noch einmal aus eigener Kraft hoch in seinem Stuhl auf, um mit gebrochenen Augen wieder zurückzusinken. Sagen hat er nichts mehr können.

Aber als er noch imstande war, sich zu bewegen, hat er seinem Bruder Wilhelm ein aus Rom mitgebrachtes Kreuz hastig, fast gewaltsam in die Hand gedrückt und einen Satz gesprochen, der wie ein Testament an seine Freunde überall in den Gesellenvereinen auf der ganzen Welt klingt: „Dies schenk ich dir. Wehr dich damit!"

6

Wirkung: Was sich heute von Adolph Kolping lernen läßt

„Der Haufen macht's nicht aus,
sondern daß die Mitglieder tüchtige Leute sind."

Ein paar Monate nach seinem Tod wird Kolpings Leichnam vom Kölner Melatenfriedhof in die Minoritenkirche übertragen, ganz still und ohne feierlichen Aufzug, und dort vor dem von ihm gestifteten und von jungen Handwerkern gestalteten Josefsaltar beigesetzt, wie er es sich gewünscht hat. Auch den schlichten Text der Grabplatte hat er festgelegt:

Hier ruhet
Adolph Kolping
geb. 8. Decbr. 1813
gest. 4. Decbr. 1865
Er bittet
um das Almosen
des Gebetes

Daß sich der von so vielen gewünschte Seligsprechungsprozeß für die Pionierfigur Kolping so ungewöhnlich lange, bis 1991, hingezogen hat, liegt in einer Kette verhängnisvoller Verzögerungen begründet. Nach der 1906 an den Kölner Kardinal gerichteten Bitte seines Freundes Anton Gruscha, der vom Kolpingpräses zum Erzbischof und Kardinal von Wien aufgestiegen war, den einer möglichen Seligsprechung vorausgehenden Informativprozeß einzuleiten, verstrichen noch einmal zwanzig Jahre, bis 1926 mit den Vorarbeiten begonnen werden konnte. Augenzeugen waren zu diesem Zeitpunkt natürlich nicht mehr greifbar.

Ende 1933 waren die Vorbereitungen endlich soweit gediehen, daß der Prozeß hätte beginnen können; in der damaligen politischen Situation versprach man sich davon auch eine öffentliche Signalwirkung und ein stärkeres Zusammenrücken der massiv bedrohten Vereine. Während eines einzigen Monats unterschrieben in der Kölner Minoritenkirche rund 17000 Besucher die Bitte um Kolpings baldige Seligsprechung; 26000 Gesellen pilgerten 1934 in geschlossenen Gruppen nach Köln. Niederländische und argentinische Kolpingssöhne starteten eigene Initiativen. Doch während des Krieges kam das Projekt erneut zum Stillstand.

Nachdem 1950 in Rom schließlich doch der Informativprozeß eröffnet werden konnte, ergaben sich neue Schwierigkeiten: Die römische Ritenkongregation war mit den aus Köln gelieferten Unterlagen unzufrieden. Weitere Verzögerungen, Korrekturen und Nacharbeiten, bis der Kölner Kardinal Joseph Höffner 1972 eine offensichtlich effektiver arbeitende „Historische Kommission" einsetzte, die neues, bisher unbekanntes Material sammelte und deren führende Köpfe der Kölner Liturgiewissenschaftler Professor Theodor Schnitzler und der Archivoberrat Dr. Hans Joachim Kracht waren. In den Jahren 1987 bis 1989 gaben die verschiedenen vatikanischen Instanzen ihre abschließenden, rundum positiv ausfallenden Urteile ab. Kolping wurde ein „hervorragendes pädagogisches Gespür" bescheinigt, ein „grenzenloses Vertrauen auf die Hilfe Gottes" und nicht zuletzt ein überzeugendes Engagement für die „bedürftigen Brüder". Papst Johannes Paul II. fand bereits 1980 bei seinem ersten Deutschlandbesuch ähnlich respektvolle Worte für den Priester Kolping, dessen Programm er am 15. November 1980 in der Kölner Minoritenkirche markant zusammenfaßte: „Jeder einzelne Christ verändert die Welt, wenn er christlich lebt." Leitbilder wie Kolping brauche die Kirche heute.

„Treu Kolping!" statt Hitlergruß

„Die Hunde kokettieren, wo es passend scheint, mit der Arbeiterfrage." So entrüstet sich Karl Marx 1869 in einem Brief an seinen Freund Engels über die sozialpolitischen Aktivitäten der „Pfaffen". Sozialisten und Liberale konnten damals nur mit Neid auf die mächtig erstarkende christlich-soziale Konkurrenz blicken. Während es etwa 1875 – im Jahr der Vereinigung von Lassalles „Allgemeinem Deutschem Arbeiterverein" und der „Sozialdemokratischen Arbeiterpartei Deutschlands" – im rheinisch-westfälischen Industrierevier ganze dreißig sozialdemokratische Gruppen mit 2300 Mitgliedern gab, zählte die christlich-soziale Arbeiterbewegung allein im engeren Ruhrgebiet 229 Vereine und 46000 Mitglieder.

Die pauschale Behauptung stimmt eben nicht, die Kirche habe vor der sozialen Frage kläglich versagt, und den Arbeitern sei gar nichts anderes übrig geblieben, als in hellen Scharen davonzulaufen. Zur Geschichte einer starken, eigenständigen Arbeiterbewegung aus christlichen Motiven heraus gehören allerdings auch die massiven inner- wie außerkirchlichen Widerstände, die sich den zahlreichen sozial engagierten jungen Priestern entgegenstellten.

An dieser Entfaltung eines sozialen Katholizismus, dessen Spuren heute noch in der von ihm mitgeschaffenen deutschen Sozialgesetzgebung zu finden sind, hat auch der Kolpingverband teil. Freilich: Jede gesellschaftliche Gruppe oder Partei, jede noch so aktive Interessenvertretung gerät zunächst einmal außer Tritt, wenn die treibende Kraft, die Identifikationsfigur an der Spitze ausfällt. Das war auch beim Gesellenverein so.

Die Durststrecke, die der über 24600 Mitglieder in 418 Zweigvereinen verfügende Verband nach Kolpings Tod zu überwinden hatte, wurde durch den sogenannten „Kulturkampf" verlängert: Im wiedererstandenen Kaiserreich betrachtete Kanzler Bismarck einen möglicherweise von Rom ferngesteuerten und mit Österreich-Ungarn konspirierenden politischen Katholizismus immer mehr als Bedrohung der Reichseinheit. Die Vereine standen unter Polizeiaufsicht. Das Mißtrauen gegenüber den Katholiken nahm hysterische Formen an, als ein Böttchergeselle ein Attentat auf Bismarck verübte und der Gesellenverein als Verschwörerriege verdächtigt wurde.

Doch der äußerlich eingeschnürte Verband wuchs in der Tiefe wie eine Pflanze unter dem Winterschnee. 1875 zählte man 29000 Mitglieder, 1885 waren es schon 38000, wieder zehn Jahre später 56000. Um die Jahrhundertwende wurde die Organisation gestrafft, ein Generalsekretariat und regelmäßige Schulungen der Führungskräfte eingerichtet. In der von vielen Katholiken überhaupt nicht geliebten und bestenfalls halbherzig unterstützten Weimarer Republik bewies der Gesellenverein eine erstaunliche geistige Unabhängigkeit und vitale Gesprächsfähigkeit: Mitten in einem Klima aus Kriegshetze, Chauvinismus und Machtträumen legte der II. Internationale Gesellentag 1927 ein überzeugendes Bekenntnis zur Demokratie und zur Völkerverständigung ab.

Die „nationalistischen Radauhelden" (so ein Wahlaufruf 1920) lehnte der Verband genauso ab wie die „blutigroten Kommunisten" (Generalsekretär Johannes Nattermann 1924). „Wer Kolping zum Vater hat", stellte Nattermann sechs Jahre später klar, „der kann nicht die rote Marianne zur Mutter haben und auch nicht Hitler zum Onkel haben." Kurz bevor dieser Artikel im Verbandsblatt erschien, hatten nationalsozialistische Schläger den Festsaal des Kölner Kolpinghauses gestürmt. Der Verband unterstützte den katholischen Reichskanzler

Brüning und warnte vor dem „Wahnsinn“, den Krieg noch für ein Mittel zur Lösung politischer Streitfragen zu halten.

Als Hitler 1933 dann von ratlosen Konservativen und auf Rüstungsprofite spekulierenden Industriellen die Macht angeboten bekam, wollte die „Deutsche Kolpingsfamilie“, wie sich der Verband jetzt nannte, zunächst einmal mitbauen an dem überall mit taumelndem Enthusiasmus begrüßten neuen Reich. Nattermanns Begründung: „Entweder schafft der deutsche Katholizismus begeistert mit, oder er schaltet sich aus, wird wiederum ins Getto gedrängt (...)“

An der Verbandsbasis überwog allerdings damals schon die Skepsis gegenüber dieser gefährlichen Gratwanderung mit dem Verzicht auf kritische Kommentierung von Ermächtigungsgesetz, Judenboykott und Gleichschaltung. Für viele war die Scham- und Schmerzgrenze erreicht, als im Aufruf zum Deutschen Gesellentag 1933 in München Hitler als „Mann göttlicher Vorsehung“ gepriesen wurde, „der dem Herrn hilft, die Zeit neu zu gestalten“. Solche Lobeshymnen konnten nicht verhindern, daß SA-Trupps auf die durch München spazierenden Gesellen losgingen, ihnen die verhaßten orangefarbenen Kolpinghemden vom Leib rissen und mit Gummiknüppeln auf sie einprügelten. Als sich vor dem geplanten Gottesdienst mit Kardinal Faulhaber dreitausend SA-Männer versammelten, wurde das Hochamt abgesagt, der Gesellentag vorzeitig beendet.

Die Nazis ließen jetzt keinen Zweifel mehr daran, daß ihnen ein so starker unabhängiger Verband (93000 deutsche Mitglieder im Jahre 1931) ein Dorn im Auge war. Im Verband selbst verstärkte sich die Kritik am moderaten Kurs des Generalsekretärs, der zunehmend als würdelose Anbiederung empfunden wurde. Doch die Ablösung Nattermanns konnte den Lauf der Dinge nicht mehr aufhalten. Die staatlichen Behörden liquidierten reihenweise Kolpingsfamilien – mit den abenteuerlichsten Begründungen, etwa weil sich die Mitglieder gegenseitig mit „Treu Kolping!“ statt mit dem Hitlergruß begrüßt hätten (Kübelberg in der Pfalz) oder weil ein Präses mit den Kolpingssöhnen Fußball gespielt habe, was eine nicht genehmigte „weltliche Veranstaltung“ darstelle (Fulda). Führungskräfte wurden in Schutzhaft genommen, ohne je einem Richter vorgeführt zu werden. Das „Kolpingsblatt“ mußte – wie alle anderen Kirchenzeitungen auch – eingestellt werden, angeblich um Papier für die Kriegswirtschaft zu sparen.

Doch während sich etwa das Werkvolk, die Organisation der katholischen Arbeiter, nicht so leicht mundtot machen ließ und dafür mit dem Märtyrertod seiner Führer bezahlte, setzte man in der Deutschen Kolpingsfamilie weiter auf Abwarten und innere Emigration: Gottesdienst und Familienpädagogik statt Berufsförderung und öffentlicher Stellungnahme. Die Konfliktvermeidungsstrategie hatte immerhin den Erfolg, daß es der nationalsozialistischen Deutschen Arbeitsfront nicht gelang, sich die Kolpinghäuser einzuverleiben.

Nach Kriegsende hatte der deutsche Verband nicht nur Zehntausende von Gefallenen und Vermißten zu beklagen, sondern auch einen immensen Vertrauensverlust im Ausland. Der am 4. Oktober 1945 zum Generalpräses gewählte Düsseldorfer Johannes Dahl mußte nach bösen Querelen im internationalen Verband zurücktreten. Es waren zähe Anstrengungen notwendig, um die Glaubwürdigkeit der deutschen Kolpingssöhne zurückzugewinnen, was schließlich mit ihrem klaren Bekenntnis zur Internationalität des Verbandes und ihrem frühen Eintreten für die europäische Völkergemeinschaft gelang. Die Impulse deutscher Kolpingsfamilien für eine an den Interessen der Partnerländer orientierten Entwicklungshilfe fanden als echte Pionierleistungen internationale Anerkennung.

Das Erbe: 350000 in 36 Ländern

„Wir wollen überzeugende Christen sein in Wort und Tat, Tüchtiges leisten in unserem Beruf, in Liebe und Treue zu unserer Familie stehen und als verantwortungsbewußte Staatsbürger leben und handeln!" Dieses Versprechen legt heute noch jeder junge Mann – und seit der Öffnung des Verbandes für weibliche Mitglieder auch jede junge Frau – bei der Aufnahme in das Kolpingwerk ab. 350000 Mitglieder in mehr als 3000 Vereinen tragen Kolpings Erbe in 36 Ländern der Erde weiter, von Argentinien bis Uganda, von Indonesien bis Kanada. Der Deutsche Zentralverband verfügt über 2645 Kolpingsfamilien mit 266000 Mitgliedern, 241 Kolpinghäusern und zehn Familienferienstätten mit 1857 Betten.

Unter dem gemeinsamen Markenzeichen, einem „K" in den Farben Schwarz und Orange, straff gegliedert in pfarrgemeindliche Kolpingsfamilien, Bezirks-, Diözesan- und (auf Landesebene) Zentralverbände, leistet das Internationale Kolpingwerk seinen Beitrag zum Weltauftrag der Christen und zur ständigen Erneuerung und Vermenschlichung der Gesellschaft, wie es im Programm heißt.

Den Auftrag hätte auch Adolph Kolping so formulieren können. Seine konkrete Ausformung freilich muß sich den Anforderungen der Zeit entsprechend wandeln; Kolping selbst hätte da als erster zugestimmt: Der Anfangserfolg des Gesellenvereins, so gab er einmal zu bedenken, bedeute keineswegs, daß deshalb alles so bleiben müsse, wie es gerade sei.

Hätte der Verband vielleicht jede Meinungsäußerung seines Stifters zum Evangelium erklären und etwa an seinem höchst zeitbedingten Frauenbild festhalten sollen? Kolpings Zeitgenossen hatten offenbar keine Probleme damit, daß er das Rollengefüge und Machtgefälle in der Ehe eisern festschrieb und dafür so merkwürdige Argumente heranzog wie die kräftigen Arme und die hohe

Stirn des Mannes. Zitat aus einem Vortrag im Kölner Gesellenverein 1863: „Die Stirne aber ist der Sitz des Verstandes und der Denkkraft; auf ihr trägt darum auch der Mann gleichsam das Recht zu regieren und zu befehlen, weil er mehr Verstand hat. (...) Liegt der Beruf des Mannes mehr in seinem Verstande und in seiner Kraft, dann liegt der Beruf des Weibes mehr in ihrem Gemüte, in ihrem Herzen. (...) Das Weib bedarf seiner geistigen und körperlichen Einrichtung nach der Kraft und Stütze, woran sie sich anlehnt; sie bedarf der Führung und unterwirft sich gerne dem umsichtigen Verstande, der sie durch die Wechselfälle des Lebens hindurchführt; dafür aber bietet sie dem Manne den inneren Reichtum ihres Gemütes und Herzens."

Ganz klar, so Kolping an anderer Stelle, der Mann sei das Haupt der Familie, „Stellvertreter Gottes im Kreise der Seinen", „Herr und König" im häuslichen Reich. Gewiß sei die Frau „nicht als seine dienende Magd" geschaffen, „sondern als seine Gehilfin, die ihm dem Wesen, dem Adel, der Abstammung nach *gleich* sei (...) Aber die Frau ist die erste nicht, ist nicht das Haupt, nicht der König, nicht der Herr, nicht der irdische Priester, nicht der Lehrer der göttlichen Wahrheit, sondern ist nur einfach des Mannes Gehilfin."

Deshalb äußert sich Kolping voller Wut über Frauen, die „ihren Neigungen leben" wollten, statt ihre Pflichten zu erfüllen (wobei er durchaus auch nicht mit Kritik an männlichen Versagern, Stümpern, Müßiggängern und Haustyrannen sparte). Aber sein Credo heißt eben schlicht und einfach: „Die Hausmutter hat fünf K zu besorgen: Kinder, Kammer, Küche, Keller, Kleider." Sogar die geschätzte Antonie Mittweg hält er an, den Kochlöffel in ihrem Reich wie ein Szepter zu schwingen, statt als „Weltdame" brillieren zu wollen. Die Fabrikarbeit tötet seiner Meinung nach ohnehin jede Weiblichkeit – womit er ja so unrecht nicht hatte; nur wäre es wohl überzeugender gewesen, die zerstörerische Wirkung der Arbeit an der Maschine auf *beide* Geschlechter anzuprangern. Immerhin findet er sich bereit, vorsichtig für eine bessere Schulbildung der Mädchen einzutreten; schaden kann sie zumindest nicht.

Ein Bildungsangebot für alle

Der Verzicht auf manche heute nicht mehr vermittelbaren Positionen des Verbandsgründers hat das Gesicht des Kolpingwerkes verändert. Gesellschaftliche Umschichtungsprozesse und der Wandel in der Arbeitswelt stellten außerdem immer wieder neue Aufgaben, eröffneten bisher unbekannte Aktionsfelder. Schon zu Lebzeiten Kolpings waren die ersten Meistervereine entstanden. Später wurden dann die Grenzen der Handwerkerschaft stürmisch gesprengt; heute ist das Kolpingwerk laut Programm „offen für alle Menschen, die seine Grundlagen und Zielsetzungen mittragen können und verwirklichen wollen", mit einem Bildungsangebot für alle, freilich immer noch besonders an den arbeitenden Menschen orientiert.

Längst ist der einstige Gesellenverein zur „lebensbegleitenden" Gemeinschaft geworden, ohne irgendwelche Alters-, Standes- oder Konfessionsgrenzen, vor allem um die Familien nicht zu zerreißen, an denen dem Verband soviel liegt. Seit 1966 ist das Kolpingwerk auch für Frauen offen, die sich keineswegs auf das Mauerblümchendasein der Schriftführerin beschränken müssen, sondern auch schon mal eine Kolpingsfamilie oder einen Bezirksverband leiten. Aus Handwerksbetrieben stammt nur mehr ein verhältnismäßig kleiner Teil der Mitglieder. Trotz beeindruckender Zuwachsraten (75 000 neue Mitglieder in der Bundesrepublik binnen zwölf Jahren) bereitet das abnehmende Interesse in der Altersgruppe unter 18 Sorgen. Auch die kirchliche Bindung der Kolpingssöhne und -töchter ist unübersehbar rückläufig;

man geht normalerweise zum Kolpingwerk, weil das Freizeitangebot attraktiv erscheint, nicht weil man Hilfe für ein bewußtes Christsein in der Gesellschaft sucht.

Dabei läßt etwa das Programm des Deutschen Zentralverbandes keinen Zweifel daran, daß „das persönliche Bekenntnis zu Jesus Christus und der gemeinsame Glaube an ihn", ein christliches Menschenbild und das Engagement für eine entsprechende Sozialordnung grundlegend für das Handeln der Mitglieder sein müssen. Aber ganz zu Beginn dieses Programms steht eine sehr großzügige Formulierung des Selbstverständnisses, wie ein weiter Mantel, unter dem auch die Skeptischen und Unsicheren und Suchenden Platz finden können: „Das Kolpingwerk ist die von Adolph Kolping geschaffene und geprägte familienhafte und lebensbegleitende katholische Bildungs- und Aktionsgemeinschaft zur Entfaltung des einzelnen in der ständig zu erneuernden Gesellschaft."

Also durch Bildung sollen die Mitglieder befähigt werden, Probleme zu erkennen und zu lösen; gleichzeitig will man ihnen konkrete Handlungsmöglichkeiten anbieten, um eine menschlichere Gesellschaft schaffen zu helfen. Es gibt wohl niemanden, der das nicht unterschreiben könnte. Pointierter spricht da schon das Programm des internationalen Verbandes: „Das Kolpingwerk versteht sich als Teil des Gottesvolkes. Es hat damit teil an der Sendung der Kirche in der Welt und bringt zugleich Interessen und Bedürfnisse der Menschen und der Gesellschaft in die Kirche ein."

Zu diesen „Interessen und Bedürfnissen" zählen heute das gewachsene Bewußtsein für eine sterbende Umwelt, die Bedeutung des internationalen Nord-Süd-Gefälles, der Wunsch nach Teilhabe aller am politischen Willensbildungsprozeß, Spezialisierung und Zwang zur Flexibilität im Arbeitsleben, die Situation der gesellschaftlichen Randgruppen, besonders der Aussiedler und Asylbewerber. Wenn Kolpings Freunde seine Ideale ernst nehmen wollen, dürfen sie nicht die Hände in den Schoß legen, sondern müssen sich den Herausforderungen stellen: Mitarbeit an der „*ständigen* Erneuerung und Humanisierung der Gesellschaft" wird im Programm des Internationalen Kolpingwerkes verlangt.

Deshalb haben wache Kolpinggruppen bereits Flußbetten gesäubert und Naturlehrpfade angelegt, als das Zauberwort „Umwelt" noch in keinem Wahlprogramm zu finden war. Deshalb dienen Kolpinghäuser heute längst nicht mehr nur als Herberge für wandernde Handwerksburschen, sondern als Heimstätten für Praktikanten, Lehrlinge, Meisterschüler, Zivildienstleistende und als Jugend-, Bildungs-, Kulturzentren. Deshalb sanieren Jungkolpinggruppen Dörfer und Schulen in fremden Ländern, helfen in israelischen Kibbuzim mit und bohren Brunnen in der Dritten Welt.

Auch von der bitter nötigen Aufwertung der beruflichen Bildung reden die Kolpingssöhne und -töchter nicht nur. Förderlehrgänge erleichtern Schulabgängern die Orientierung, erlauben eine produktive Suchphase, sie bereiten längerfristig Arbeitslose auf den Wiedereintritt in das Erwerbsleben vor oder helfen Sonderschulabsolventen, den Anschluß zu finden.

In der Münchener Adolph-Kolping-Berufsschule für Lernbehinderte beispielsweise können mehr als tausend Jugendliche in über hundert Klassen 25 verschiedene Berufe erlernen, von der Gas- und Wasserinstallation über den Zentralheizungs- und Lüftungsbau bis zur Kfz-Mechanik, vom Tischler und Maler über Koch und Fliesenleger bis zur Kosmetikerin. Die Jugendlichen kommen aus Sonderschulen oder haben den Hauptschulabschluß nicht geschafft, viele Ausländer sind dabei, einige haben massive Schwierigkeiten mit der Familie. Hier werden sie respektiert, mit ihren individuellen Fähigkeiten ernst genommen, und auch die Langsamen und Begriffsstutzigen können sich als interessant erleben. Der Erfolg ist oft verblüffend: Selbstsicherer und seelisch stabil geworden, bringen die Schüler nicht selten Leistungen, die ihnen keiner zugetraut hätte.

Gewandelt hat sich auch das gesellschaftliche Umfeld für die Familie, die bei Adolph Kolping eine so entscheidende Rolle spielt: Die Kleinfamilie hat das weitverzweigte Gefüge von einst abgelöst, immer weniger Frauen finden in Hausarbeit und Kindererziehung ihre einzige Erfüllung, das allgemeine Klima ist extrem familien- und kinderfeindlich geworden. Da war es sicher eine hellsichtige Entscheidung, den bisherigen reinen Männerclub für Frauen und Mädchen zu öffnen und komplette Familien in die Verbandsarbeit einzubeziehen – obwohl das in der Praxis natürlich nicht immer ohne Widerstände abgeht. Modellcharakter haben die Familienferienstätten des Kolpingwerkes, die gemeinsame Erlebnisse ermöglichen, aber auch den gestreßten Eltern die langersehnte Ruhe verschaffen, während sich zuverlässige pädagogische Fachkräfte um die Kinder kümmern.

Die Wunden unserer Zeit bewußt machen

Doch die ungünstigen gesellschaftlichen Rahmenbedingungen für die Familie lassen sich nicht allein mit Appellen und eigenen Alternativangeboten verändern. Konkrete Sozialpolitik ist gefordert: steuerliche Entlastung junger Familien, Dynamisierung des Kindergeldes, zinslose Hausratdarlehen, mehr Möglichkeiten zur Teilzeitarbeit, soziale Staffelung der Mietbelastung nach Einkommen und Kinderzahl im öffentlich geförderten Wohnungsbau, kindgerechte Spielplätze, verkehrsberuhigte Straßen... übrigens alles Forderungen des deutschen Kolpingwerkes. Ohne Politik geht es nicht.

Die Präsenz in den Parlamenten, der Kampf um eine wirklich soziale Marktwirtschaft, das Eintreten für eine gerechtere Vermögensverteilung, all das gehört deshalb unverzichtbar zum Selbstverständnis des Verbandes. Das Kolpingwerk wolle zu demokratischem Verhalten befähigen, heißt es in den internationalen Statuten. Der Mensch dürfe niemals wirtschaftlichen Zielsetzungen untergeordnet werden, ergänzt das deutsche Programm, das eine menschenwürdige Gestaltung der Arbeitsbedingungen, die paritätische Mitbestimmung, den Ausbau des sozialen Rechtsstaates, den Kampf gegen Rassismus und Nationalismus sowie soziale Gerechtigkeit in den internationalen Wirtschaftsbeziehungen zu den Verbandszielen rechnet. Die Balance zwischen notwendiger politischer Parteinahme und innerverbandlichem Pluralismus ist dabei ein Dauerproblem.

Mit Erkärungen zum Asylrecht und zu den moralischen Grenzen der Gentechnik hat sich das Internationale Kolpingwerk in letzter Zeit in die aktuelle Diskussion eingeschaltet und die Arbeit des Europarates mitgeprägt, wo das Kolpingwerk seit 1974 den „Konsultativstatus" innehat – das heißt, Vertreter des Verbandes werden über Beratungen und Beschlußvorlagen des Europarates informiert und können Stellungnahmen abgeben.

Seit der Öffnung der Grenzen zum Osten besteht Hoffnung, die dort nach dem Zweiten Weltkrieg brutal zerschlagenen Kolpingverbände zu neuem Leben erwecken zu können. In Ungarn – wo es zu Kriegsbeginn noch an die 400 Kolpingsfamilien gegeben hatte –, Polen, Rumänien, Jugoslawien, in der Tschechoslowakei und Danzig waren die Kolpinghäuser enteignet und nicht selten in kommunistische Jugendzentren verwandelt worden. Der Verband wurde überall verboten, sein Vermögen beschlagnahmt. Ganz andere Töne sind jetzt zu hören: Der polnische Arbeiterführer Lech Walesa etwa freute sich über die Rückkehr des Kolpingwerkes, das er als wichtigen Verbündeten bei der geistigen und sozialen Erneuerung Polens bezeichnete. Sein Stellvertreter und Nachfolger in der Danziger Gewerkschaft, Alojzy Szablewski, erinnert sich, sein Vater habe dem Gesellenverein angehört und als Zimmermann jenes Kolpinghaus in Dirschau mitgebaut, das später zu einer kommunistischen Parteizentrale umfunktioniert wurde...

In der DDR war das Kolpingwerk der einzige inoffiziell geduldete kirchliche Verband, obwohl sich seine Mitglieder oft genug hartnäckig den Systemzwängen verweigerten: Zahlreiche Kolpingssöhne gingen bewußt nicht zur Wahl, schickten ihre Kinder nicht zu den „Jungen Pionieren" und auch nicht zur „Jugendweihe". Trotzdem konnten im Ostteil Deutschlands schon vor der politischen Wende 155 Kolpingsfamilien existieren, die sich allerdings nur in kirchlichen Räumen versammeln durften.

Anwälte der Menschenwürde sein

In den Slums von Arequipa im Süden Perus wird die höchste Kindersterblichkeit Lateinamerikas registriert: Unterernährung, Ruhr, Tbc, chronische Erkrankungen der Atemwege. In den aus Wellblech oder Schilfmatten notdürftig zusammengebastelten Hütten versuchen vorzeitig gealterte, von trunksüchtigen, oft arbeitslosen Männern wie Sklavinnen gehaltene Mütter die Kinder durchzufüttern, die ihnen noch geblieben sind. Inmitten der schäbigen Baracken steht heute eine Art schlichter Fabrikhalle, in der Wunder vollbracht werden: das Zentrum der Obra Kolping, des peruanischen Kolpingwerkes.

Hier lernen junge Analphabeten lesen und schreiben, Mütter lassen sich in Hygiene und Kinderpflege schulen, es gibt handwerkliche Ausbildungskurse – und am Sonntag einen festlichen Gottesdienst mit Musik und Tanz. Aber das Erstaunlichste: Die Indio-Frauen von Arequipa haben mit Hilfe des Kolpingwerkes gelernt, gegen die Allmachtsansprüche ihrer Haustyrannen aufzustehen und ihre Interessen wahrzunehmen. Bei der Stadtverwaltung haben sie sich den Boden für ein Frauenzentrum und die Lebensmittel für eine regelmäßige Kinderspeisung erkämpft. Eingeschüchterte, an den Rand gedrängte Menschen entdecken ihre Würde – unerhört im klassischen Land des machismo, des Männlichkeitswahns.

Im Zuge der Internationalisierung des Verbandes nach dem Zweiten Weltkrieg hatte das deutsche Kolpingwerk bereits 1958 damit begonnen, junge Handwerker zum Aufbau von Schulen, Berufsbildungszentren und Leprastationen in die Dritte Welt zu schicken. Zehn Jahre später beschloß die Generalversammlung des Internationalen Kolpingwerkes in Salzburg, sich der neuen sozialen Frage auf Weltebene so intensiv wie möglich zu stellen und mit der „Aktion Brasilien" alle entwicklungspolitischen Aktivitäten zunächst in einem Land zu bündeln – mit durchschlagendem Erfolg: Heute gibt es in Brasilien 170 Kolpingsfamilien mit 20000 Mitgliedern, die eine sehr wirksame Bildungsarbeit, Elternberatung und Gemeindekatechese aufgebaut haben. In den Schulungszentren des Verbandes werden jedes Jahr mehr als 6000 junge Leute zu Handwerkern und Facharbeitern ausgebildet. Für Jugendliche aus den übervölkerten Slums der Großstädte ist es oft die einzige Chance. In den ausgebluteten Dörfern des Landesinneren versucht das Kolpingwerk der Landflucht entgegenzuwirken, indem es hochqualifizierte Handwerksmeister ausbildet und Starthilfe beim Aufbau von Betrieben gibt, was wieder neue Arbeits- und Ausbildungsplätze schafft.

Beispiele wie Peru oder Brasilien machen klar, daß die Entwicklungsarbeit des Verbandes wenig mit der gönnerhaften Spendenmentalität früherer Zeiten zu tun hat, als der reiche Partner aus Übersee bestimmte, was mit seinem zur Beruhigung des eigenen schlechten Gewissens geopferten Geld zu geschehen hatte. Die Kolpingsfamilien der Dritten Welt verstehen sich als Selbsthilfegruppen, die mit Sachkenntnis und Engagement gerechtere Strukturen in ihren Ländern aufbauen wollen. Die nach

Hunderten zählenden Entwicklungsprojekte des Verbandes beinhalten denn auch vorwiegend die qualifizierte Ausbildung zu Schreinern, Schlossern, Töpfern, Hilfe bei Existenzgründungen, bessere Bodennutzung in der Landwirtschaft und den Aufbau von Genossenschaften.

Im Hafenviertel von Bombay etwa trägt die dortige Kolpingsfamilie eine Fischereikooperative mit, die mit Geldern des internationalen Verbandes ihren jungen Mitgliedern Boote und moderne Fangnetze beschafft, für gerechte Preise sorgt und die einheimischen Fischer damit von ausbeuterischen Zwischenhändlern und Konzernen unabhängig macht. Wenn sich die jungen Inder eine Existenz geschaffen haben, zahlen sie die Unterstützungsgelder zurück, und es können neue Boote und Netze für andere Fischer gekauft werden.

In Argentinien leistet das Kolpingwerk im Großraum Buenos Aires modellhafte Arbeit in Waisenhäusern und Jugendzentren. Die Kolpingsfamilie „Jardin America" (Garten Amerika) betreibt eine Musterfarm und organisiert landwirtschaftliche Kurse. In Bolivien hat die Kolpingsfamilie Luis Espinal (benannt nach einem ermordeten Priester und Menschenrechtskämpfer) in La Paz ein sehr wirksames Gesundheitsvorsorgeprogramm für gesellschaftliche Randgruppen aufgebaut. In Chile sind zahlreiche kleine Handwerksbetriebe entstanden, denen das Kolpingwerk für die Anfangsphase einen Kredit gegeben oder Werkzeuge vermietet hat – Hand in Hand mit der Vermittlung solider beruflicher und betriebswirtschaftlicher Kenntnisse. In Südafrika schließlich haben weiße Handwerksmeister und Firmenchefs aus dem Kolpingwerk mutige Signale gesetzt, als sie schon vor Jahren gegen alle Widerstände Schwarze beschäftigten und ausbildeten. Heute gibt es in der Provinz Kapstadt und der Transkei längst Kolpingsfamilien mit weißen und farbigen Mitgliedern.

Man sollte auch einmal ein gutes Wort über den viel geschmähten „Verbandskatholizismus" sagen.

War der Streit der letzten Jahre um die Bischofsernennungen und manche Verlautbarungen des römischen Lehramts nicht bloß ein Symptom für eine tiefreichende Vertrauenskrise? Und rührt dieses Unbehagen nicht auch daher, daß Kirche häufig nur noch als römische Kommandozentrale oder straffe hierarchische Organisation in Erscheinung tritt, aber kaum als organisches, vielfach gefächertes, lebendiges Volk Gottes, als ein Miteinander gewachsener Zellen, Gruppen und Lebensräume?

Manchmal hat man den Eindruck, es reden bloß noch Bischöfe, Kommissionen und ein paar medienerfahrene Theologen, von denen man im vorhinein weiß, was sie sagen werden. Die nach dem Konzil geschaffenen „Räte" bleiben meist stumm oder am Rande, die hoffnungsvoll begrüßten neuen geistlichen Bewegungen beschäftigen sich noch zu sehr nur mit sich selbst. Starke, vitale, gesprächsoffene Verbände hätten da eine fantastische Chance, das „Volk Gottes auf dem Weg" mitreißend und Vertrauen stiftend darzustellen.

Freilich gibt es gerade in Deutschland auch die Tendenz, sich im binnenkirchlichen Raum wie in einer warmen Stube einzurichten, wenn nicht gar wie in einer Festung zu verschanzen: die Gruppe als Krücke für die Ängstlichen, als Spenderin von Sicherheit und Geborgenheit in der verwirrenden Meinungslandschaft. Das muß nicht grundsätzlich schlecht sein; und doch ist es schlimm, wenn der warme Mief drinnen die Ausstrahlung nach außen ersetzen soll und – besinnt man sich schon einmal auf den notwendigen Dialog mit der Gesellschaft – bloß schön formulierte Resolutionen und Monologe herauskommen und kein angstfreies Gespräch mit gutwilligen Andersdenkenden. Sind die Verbände wirklich schon fähig oder willens, sich den neuen gesellschaftlichen Herausforderungen zu stellen – wie es immerhin die deutschen Bischöfe 1988 verlangt haben – und sich in kirchenferne Milieus zu wagen?

Ist das Kolpingwerk fähig dazu?

Ist es bloß böse Häme, wenn dem Verband vorgeworfen wird, er lasse den sozialpolitischen „Biß" vermissen, er verkleistere gesellschaftliche Mißstände zugunsten der Wahlwerbung für ein bestimmtes politisches Lager, er diene lediglich als Trittbrett für Karrieren in Kommunalverwaltungen und Parlamenten? Kommt nicht auch aus dem Verband selber Kritik an der „selbstgenügsamen Behäbigkeit" mancher Kolpingsfamilien, an der Beschränkung auf Geselligkeit, am mangelnden Gespür für aktuelle Sorgen und Probleme anderer (so wörtlich der deutsche Zentralsekretär Dr. Michael Hanke)?

Es bedeutet keinen Verrat an Vater Kolping, wenn sich sein Verband heute solche selbstkritischen Fragen stellt. Im Gegenteil: Es gibt keine Treue zum Gründer ohne die ständige Prüfung, ob seine Glaubenskraft, seine unbändige Liebe zu den Menschen, sein Engagement für die an den Rand Gedrängten in denen weiterleben, die heute seinen Namen tragen.

Was sich Adolph Kolping wohl von seinen Freunden in dieser Zeit wünscht?

Seid Zeugen der Menschenfreundlichkeit Gottes, wie ich es versucht habe, würde er ihnen sagen. Fragt euch immer wieder: Spüren die Menschen, durch mich etwas von Gottes Nähe und Güte? Trage ich ihre großen Sorgen und ihre kleinen Probleme mit, helfe ich ihnen aus ihrer Angst und Mutlosigkeit, nehme ich mir die Zeit, gemeinsam nach einem Sinn in unserem Leben zu suchen?

Gebt euch Mühe, würde er sagen, euch immer besser über das Fundament eures Glaubens klar zu werden. Gebt euch nicht damit zufrieden, am Sonntag eine Predigt über euch ergehen zu lassen und in der Fronleichnamsprozession hinter der Kolpingfahne herzumarschieren. Macht euch bewußt, daß Glaube die Beziehung zu einem Freund ist. Ihm – Jesus Christus – könnt ihr es auch sagen, wenn es euch schwer fällt, zu glauben, weil soviel Leid und Gemeinheit und Ungerechtigkeit in der Welt ist. Er versteht eure Schwierigkeiten. Aber er erwartet auch, daß ihr euch des Evangeliums nicht schämt. Daß ihr mutig weitersagt, was euch diese Beziehung zu eurem Freund Christus wert ist und welches Glück es bedeuten kann, zu glauben. Auf dieses Zeugnis warten mehr Menschen, als ihr denkt!

Werdet nicht müde, würde er sagen, euch in der Kirche zu engagieren. Laßt euch die Freude an der Kirche nicht austreiben, nicht von allen Armseligkeiten und Halbheiten und von keiner noch so entmutigenden Erfahrung mit ängstlichen, gesprächsunwilligen, in ihre Entscheidungsbefugnisse verliebten Amtsträgern. Macht den Mund auf in der Kirche, aber macht sie nicht madig, sondern bringt das Evangelium in ihr zum Leuchten, denn in der Kirche, so erbarmungswürdig und glanzlos sie oft scheint, lebt etwas von Christus weiter.

Macht das Evangelium, würde Kolping sagen, in eurer gesellschaftlichen Wirklichkeit zum Signal der Hoffnung. Rackert euch ab, das konkrete Stückchen Welt um euch herum zu verändern, die sozialen Wunden bewußt zu machen, den Armen und Kleinen und Unbeachteten zu ihrem Recht zu verhelfen. Fragt euch immer wieder, wer diese Armen und Ausgebeuteten gegenwärtig sind; auch heute ziehen verlorene, verzweifelte Menschen über die Landstraßen, die nirgendwohin gehören und denen ihr eine Heimat geben könntet – wenn ihr nur wollt.

Und wenn seinen Freunden der Mut zu sinken droht vor so vielen Aufgaben und Nöten, würde er sie ganz fest an der Hand nehmen und sagen: Habt doch keine Angst! „Solange uns Gott Kräfte verleiht, schaffen wir rüstig und wohlgemut weiter" – das hat er nun tatsächlich gesagt, 1861 in einem Brief an den Reichstagsabgeordneten Reichensperger. „Die Zukunft gehört Gott und den Mutigen; und Mut, nun den haben wir Gott sei Dank noch."

Zeittafel

8.12.1813	Adolph Kolping im rheinischen Kerpen als viertes Kind des Gemeindeschäfers geboren
1826–1829	Nach der Volksschule Schuhmacherlehre in Kerpen
1829–1832	Als wandernder Geselle bei Schuhmachermeistern der Umgebung
1832–1837	Arbeit in Kölner Werkstätten
1837–1841	Marzellengymnasium in Köln
1841–1842	Theologiestudium an der Universität München
1842–1844	Studium an der Universität Bonn
1844–1845	Priesterseminar in Köln
13.4.1845	Priesterweihe in der Kölner Minoritenkirche
1845–1849	Kaplan und Religionslehrer in Wuppertal-Elberfeld
9.8.1846	Der Gesellenchor tritt bei der Laurentiusprozession zum ersten Mal an die Öffentlichkeit
6.11.1846	Auf Initiative des Hauptlehrers Johann Gregor Breuer wird aus dem Chor der „Katholische Jünglingsverein zu Elberfeld"
Juni 1847	Adolph Kolping wird zum Präses des „Junggesellenvereins" gewählt, wie sich der Chor jetzt nennt
1848	Kolpings Programmschrift „Der Gesellenverein, zur Beherzigung für alle, die es mit dem Volkswohl gut meinen"
1.4.1849	Wechsel als Domvikar nach Köln
6.5.1849	Kolping gründet mit sieben Gesellen in der Kolumbaschule den Kölner Gesellenverein
1849–1865	Redakteur und Mitherausgeber, seit 1852 Alleinherausgeber des „Katholischen Volkskalenders"
1850–1865	Schriftleiter des „Rheinischen Kirchenblatts"
9.10.1851	Erste Rede auf einer Generalversammlung des „Katholischen Vereines Deutschlands" in Mainz
1852	Reise nach Süddeutschland und Österreich; Gründung von Gesellenvereinen in Wien, München, Prag, Berlin. Zweite Programmschrift „Für ein Gesellenhospitium"
1854–1865	Verleger, Herausgeber und Redakteur der „Rheinischen Volksblätter für Haus, Familie und Handwerk"
1854	Gründung des ersten Schweizer Gesellenvereins in Rorschach
1856	Gründung des ersten amerikanischen Gesellenvereins in St. Louis; Reise nach Sachsen, Österreich, Ungarn und Kroatien

8.9.1858	Kolping wird zum Generalpräses des Gesellenvereins gewählt
1.1.1862	Ernennung zum Rektor der Kölner Minoritenkirche
22.4.1862	Ernennung zum Päpstlichen Geheimkämmerer
1862	Romreise mit zwei Audienzen bei Papst Pius IX.
1863	Reise nach Süddeutschland und in die Schweiz
1863–1865	Redakteur und Herausgeber der „Mitteilungen für die Vorsteher der katholischen Gesellenvereine"
17.9.1865	Letzter öffentlicher Auftritt Kolpings bei der Einweihung des Kölner Gesellenhospitiums
4.12.1865	Adolph Kolping stirbt in Köln
30.4.1866	Überführung des Leichnams in die Minoritenkirche
1906	Erste Bitte um Kolpings Seligsprechung durch den Wiener Präses Anton Gruscha
1950	Eröffnung des Informativprozesses in Rom
1972	Einsetzung einer Historischen Kommission in Köln, die neues Material sammelt und den Seligsprechungsprozeß vorantreibt
15.11.1980	Papst Johannes Paul II. besucht Adolph Kolpings Grab in der Kölner Minoritenkirche und nennt ihn ein „Leitbild" für die Kirche von heute
1987–1989	Positive abschließende Stellungnahmen der vatikanischen Instanzen im Seligsprechungsprozeß
27.10.1991	Papst Johannes Paul II. spricht Adolph Kolping in Rom selig

Benutzte Literatur in Auswahl

Der größte Teil des handschriftlichen und gedruckten Nachlasses von Adolph Kolping liegt im Archiv des Kolpingwerkes in Köln. Die „Kölner Ausgabe" seiner Schriften, eine wissenschaftlich-kritische Auswahl-Edition in sechs Bänden, beruht auf diesem Material; sie erlaubt den besten Zugang zu Werk und Persönlichkeit des Gesellenpfarrers.

Adolph-Kolping-Schriften, Kölner Ausgabe:

Band 1: Dokumente – Tagebücher – Gedichte. Herausgegeben von Hans Joachim Kracht. Köln ^{2}1981

Band 2: Briefe. Herausgegeben von Michael Hanke. Köln 1976 (eine erweiterte Neuauflage ist für 1991 angekündigt)

Band 3: Soziale Frage und Gesellenverein. Teil I: 1846–1852. Herausgegeben von Rosa Copelovici, Michael Hanke, Franz Lüttgen, Josef Anton Stüttler, Köln 1985

Band 4: Soziale Frage und Gesellenverein. Teil II: 1852–1858. Herausgegeben von Rosa Copelovici, Michael Hanke, Franz Lüttgen, Josef Anton Stüttler. Köln 1986

Band 5: Soziale Frage und Gesellenverein. Teil III: 1859–1865. Herausgegeben von Rosa Copelovici, Michael Hanke, Franz Lüttgen, Josef Anton Stüttler. Köln 1987

Band 6: Bilder aus Rom. Herausgegeben von Hans Joachim Kracht. Köln 1986

Adolph Kolping: Ausgewählte pädagogische Schriften. Besorgt von Hubert Göbels. Paderborn 1964

Michael Hanke: Sozialer Wandel durch Veränderung des Menschen. Leben, Wirken und Werk des Sozialpädagogen Adolph Kolping. Mülheim 1974

Heinrich Festing: Adolph Kolping und sein Werk. Freiburg–Basel–Wien ^{5}1983

Heinrich Festing: Was Adolph Kolping für uns bedeutet. Freiburg–Basel–Wien ^{2}1985

Michael Schmolke: Adolph Kolping als Publizist. Ein Beitrag zur Publizistik und zur Verbandsgeschichte des deutschen Katholizismus im 19. Jahrhundert. Münster 1966

Viktor Conzemius: Adolph Kolping und Ignaz v. Döllinger. In: Annalen des Historischen Vereins für den Niederrhein 164 (1962), 118–191

Michael Dirrigl: Ludwig I. König von Bayern 1825–1848, München 1980

Johann Gregor Breuer: Denkschrift über den katholischen Gesellenverein, Elberfeld 1846. In: Mitteilungen für die Vorsteher katholischer Gesellenvereine, Heft 4, Köln 1928, 59–64

August Schmitz-Teske: Johann Gregor Breuer 1820–1897. In: Wuppertaler Biographien VI (Beiträge zur Geschichte und Heimatkunde Wuppertal XIV, herausgegeben von Marie-Luise Baum), Wuppertal 1966, 29–52

Rudolf Vitus: Die Anfänge des katholischen Gesellenvereins zu Elberfeld. Ein Beitrag zur Geschichte der kirchlich-sozialen Bewegung im 19. Jahrhundert. Wuppertal-Elberfeld 1934

Hans Joachim Kracht: Organisation und Bildungsarbeit der katholischen Gesellenvereine (1846–1864). Die Arbeiterbewegung in den Rheinlanden, Band 3. Wendtorf 1975

Christian Hermann Vosen: Kolpings Gesellenverein in seiner socialen Bedeutung. Frankfurt 1866

Verhandlungen der fünften General-Versammlung des katholischen Vereines Deutschlands am 7., 8., 9. und 10. Oktober 1851 zu Mainz. Amtlicher Bericht. Mainz 1852

Heinz-Albert Raem: Katholischer Gesellenverein und Deutsche Kolpingsfamilie in der Ära des Nationalsozialismus (Veröffentlichungen der Kommission für Zeitgeschichte: Reihe B, Forschungen; Band 35). Mainz 1982

Kolpingwerk in Staat und Gesellschaft. Schriftenreihe des Kolpingwerkes Deutscher Zentralverband

Zum geschichtlichen Umfeld:

Karl Bringmann: Die konfessionell-politische Tagespresse des Niederrheins im 19. Jahrhundert. Düsseldorf 1938

Heiner Budde: Man nannte sie „rote" Kapläne. Priester an der Seite der Arbeiter. Kevelaer 1989

Karl Heinrich Grosse-Freese: Beiträge zur Charakteristik der öffentlichen Meinung in der Rheinprovinz im Jahre 1859. Bonn 1922

Richard Friedenthal: Karl Marx. Sein Leben und seine Zeit. München 1981

Karl-Egon Lönne: Politischer Katholizismus im 19. und 20. Jahrhundert. Frankfurt am Main 1986

Anton Rauscher (Herausgeber): Deutscher Katholizismus und Revolution im frühen 19. Jahrhundert. München–Paderborn–Wien 1975

Klaus Schatz: Zwischen Säkularisation und Zweitem Vatikanum. Der Weg des deutschen Katholizismus im 19. und 20. Jahrhundert. Frankfurt am Main 1986

Franz Schnabel: Deutsche Geschichte im 19. Jahrhundert. Band IV: Die religiösen Kräfte. Freiburg–Basel–Wien [3]1955

Karl-Heinz Vogt: Katholische Arbeiterbildung und Kirchlichkeit der Katholischen Arbeiterschaft Deutschlands im 19. Jahrhundert. Ein Beitrag zur Genese der kirchlichen Erwachsenenbildung. Phil. Diss., Bonn 1978

Zur deutschen Sozialgeschichte im 19. Jahrhundert:

Hartwig Bopp: Die Entwicklung des deutschen Handwerksgesellentums im 19. Jahrhundert unter dem Einfluß der Zeitströmungen. Paderborn 1932

Helga Grebing: Geschichte der deutschen Arbeiterbewegung. München [2]1966

Handwerker in der Industrialisierung. Lage, Kultur und Politik vom späten 18. bis ins frühe 20. Jahrhundert. Herausgegeben von Ulrich Engelhardt. Stuttgart 1984

Wolfgang Hoth: Die Industrialisierung einer rheinischen Gewerbestadt, dargestellt am Beispiel Wuppertal (Schriften zur Rheinisch-Westfälischen Wirtschaftsgeschichte, Band 28), Köln 1975

Werner Pöls (Herausgeber): Deutsche Sozialgeschichte 1815 bis 1870. Ein historisches Lesebuch. München [4]1988

Ernst Schraepler (Herausgeber): Quellen zur Geschichte der sozialen Frage in Deutschland. Band 1, 1800–1870 (Quellensammlung zur Kulturgeschichte Band 6), Göttingen–Berlin–Frankfurt [2]1960

Klara Wittenstein: Die Entstehung der sozialen Frage und Bewegung im Wuppertal in den vierziger Jahren des 19. Jahrhunderts und ihre wirtschaftlichen Grundlagen. In: Zeitschrift des Bergischen Geschichtsvereins 54 (1923/24), 118–187

Von Christian Feldmann im Verlag Herder:

Träume beginnen zu leben

Große Christen unseres Jahrhunderts

6. Auflage, 384 Seiten, geb. – ISBN 3-451-19896-7

„Christian Feldmann hat in einem neuen Buchtyp große Christen unseres Jahrhunderts beschrieben, die selbst mit vielen Originalzitaten zu Wort kommen. Dieses Buch steckt an, macht Mut zum Glauben. Denn glauben – den Glauben leben, das ist ein Abenteuer – ein ganzes Leben lang." *Publik-Forum*

„Das Buch ist faszinierend und wird auch weite Leserkreise erreichen. Es ist in einer Sprache geschrieben, die den einfachen Leser nicht überfordert und den anspruchsvollen nicht langweilt. Es sollte – das ist keine Floskel! – in jeder Familien-, Schüler-, Pfarrbücherei stehen und könnte Anregung sein für viele Formen der Verkündigung und Bildung." *Zeit im Buch*

Gottes sanfte Rebellen

Große Heilige der Christenheit

2. Auflage, 384 Seiten, geb. – ISBN 3-451-20244-1

„Die Sprache ist anschaulich, prägnant und eindringlich. Es sind kraftvolle Porträts, in denen die Motivation der Personen nicht nur in außergewöhnlichen Situationen, sondern auch in ihrem Alltag deutlich zutage tritt und die Lebenskraft des Glaubens sichtbar wird." *Stimmen der Zeit*

„In diesem Buch stehen zehn Lebensbilder, im packenden Reportagestil geschrieben, auf gründlichen Recherchen beruhend und durch zahlreiche Originaltexte der Portraitierten ergänzt. Keine fromme Geschichten oder betulichen Abhandlungen, sondern ehrliche Portraits von Menschen aus Fleisch und Blut."

Ruhr-Nachrichten